考えるための日本語入門

文法と思考の海へ

井崎正敏

三省堂

考えるための日本語入門

文法と思考の海へ

【目次】

装幀　岡　孝治

序章　日本語で考えるとはどういうことか？

言語によって考え方はちがうのだろうか?

だれでもなんらかの言語、たとえばフィンランド語とかスワヒリ語とか日本語とかの特定の言語で考えなければならない。言語一般などというもので考えることは不可能だ。ではそのとき、考える言語によって考え方はちがってくるのだろうか。

どこかちがってくるだろう、とだれもが思う。たしかに言語によってその成果はずいぶんとちがう。日本の国学とドイツ観念論哲学のちがいなど歴然としている。

しかしそれは作品が書かれた言語のちがいによるものなのだろうか。それぞれの思想作品や文学作品の成立には、それまでの言語文化の厚い層が介在しているし、書かれた社会や発表の場なども大いに異なる。こういう媒介をいっさい無視して、言語と思考を因果論で結びつけてみても始まらない。

かつては(いまも少しは)フランス語は論理的だからフランス人は明晰だとか、日本語は非論理的だから、日本人の思考はあいまいだ、などと本気で唱える知識人がいた。言語と思考を短絡した、こういう思考自体が非論理的であることに気づかなかったと見える。

そもそも日本語は非論理的ではないし、どんな言語も非論理的であろうはずがない。それぞれの言語共同体のなかで立派に通用しているということは、整合的で筋が通っている証拠であり、それでも非論理的に見えるとしたら、西欧語の論法を物差しにして、その他の言語に当てはめた結果にすぎない。

言語環境（社会）と言語文化（歴史）をいっさい捨象した、この種のトンデモ論や観念的なスコラ論議はすっと通り越しておきたい。一方、きちんと実証的に考えようとすると、言語文化の層はとても厚く、言葉の現場はじつに多様である。即座に包括的な議論などできるものではない。そこで専門家は「日本語と『もののあはれ』の思想」とか、「古代ギリシア語と論理学の誕生」というように対象を限定する。

この本も対象を限定するけれども、限定するのはジャンルではなく、私たちが日本語で話し、聞き、書き、読み、考えている、その現場でそのつど起きている、日本語と思考とのあいだの基礎的な関係に焦点を絞りこむ。

私たちが日本語でものを考えるとき、いちいち意識はしないけれども、考える手続きはおのずと日本語の文法という条件にしたがっている。文法は言葉の組み立て方や使い方の規則であるから、それは言葉で考えることの基本条件である。

日本語で考えるとは、具体的に日本語の文法とどういうふうにかかわりあうことなのだろうか。日本語の文法は、日本語による思考をどのようにサポートし、またどのようなハードルとして立ちはだかっているのだろうか。本書は、思考という観点から日本語の文法構造を探究する試みである。

言語と思考はそもそもどんな関係にあるのだろうか、まずはその根本のところから考えていこう。

考えるとは言葉とともに考えることである

私たちは、言語を習得するために必要な潜在能力をうちに蓄えて、現実の言葉が交わされているこの世界に生れ落ちた。この身体的であると同時に知的な人間特有の能力をもちあわせていなければ、母語をマスターすることはできなかった。

どんなに賢いペットでも、飼い主が毎日親身に語りかけているというのに、いっこうに言葉を覚えてはくれない。動作に直結した「おすわり」、「お手」といった音声を理解するのが精一杯である（だから賢くないということにはならない。ペットたちが反応する人間の言葉は、交通信号とおなじく、行動に一対一対応した信号であり、象徴的な機能を帯びた言葉ではない。言語は人間をとてつもなく賢くしたが、言語を使いこなせることが唯一の賢さではない）。

人間の場合、聴覚や視覚という感覚作用であっても、言葉による分節作用と無関係に機能することはない。濃霧の立ちこめた沖合からボォーという音が聞えたとき、それが船の発した音響信号であるとすぐに分かるのは、われわれに「霧笛」という概念が成立しているからである（ムテキという言葉がすぐに出てこなくとも）。もし霧笛を知らなければ、ボォーという音に気づきさえしなかったかもしれない。

言葉では語り得ぬ深遠な教えを図像化したとされる曼陀羅《まんだら》も、密教の世界観という概念体系を知らなければ、とうてい理解できない。

このように、言葉は私たち自身をかたちづくっている。考えることは言葉とともに考えることであり、思考という独立したいとなみが、言葉を道具として利用しているのではない。思考は初めから言葉とともにある。思考から言語を取りされば思考は消滅し、言語から思考を取りされば言語は解体するのである。

論理と呼ばれるものも、概念による思考の筋道のことであり、人間世界を超越した厳格な基準などではない。自分の感覚や考えをひとに知ってもらいたいと思い、あるいはひとの感じ方や考え方を知りたいと思って、お互い言葉をやりとりするなかから、どちらにも納得のいく筋道が見えてくる。これが論理である。

そういう意味では、論理は倫理である。他者に通じさせたい、他者と思いを共有したいという意志がなければ、論理は成立しないからだ。

論理は、対話の当事者にかぎらず、その場に不在の第三者にもすべて妥当しなければならない。第三者のフィードバックに耐えなかった場合には、その論理はさらに修正を必要とする。こうしてすべてのひとが納得する普遍的な論理が形成される。この普遍的とされる論理も、参画者の合意が崩れたときには、再度やりなおしである。

自分のアタマのなかだけで展開する思考も、現実の対話が内面化した「自己内対話」であり、自分のなかのさまざまに錯綜する思いをすりあわせて、普遍的な論理を追求する試みである。

日本語の文章はどうしてねじれるのか?

日本語を考えるにあたって、最初に私自身の体験からお話ししたい。

大学生の頃、文芸雑誌で対談や座談会を読むと、さすがに文章のプロはしっかりした日本語で話すものだと感心した（この頃はまだふつうの学生が文芸誌を手にしていた）。

ところが就職して出版社で編集の仕事をするようになると、この認識はすぐにくつがえされた。座談の席で話された言葉は、そのままではとても読める日本語にならなかったのである。

まず編集者が速記原稿を整序し、つぎに話した当人がせっせと赤字を入れる。その場で話したスタイルはなるべく残しつつ、書き直し、書き加えるのである。ノリとハサミで前後を入れ替える。校正刷りにはまた大幅に手が入る。こうして書店で手にする誌面が出来あがるのであった。

日本語の話し言葉はそのままではとうてい読める文章にはならない。あるテーマについて語りはじめても、その話題がひとつの文として完結しないうちに、他の話題が挿入され、その連想からまた違った話に展開する。

たとえばこんな具合だ。「そのとき小学校の五年生だったぼくはね、なにせ甲子園の近くですから、先生もクラスで阪神の話ばっかりするんです。バース、掛布《かけふ》、岡田の時代ですよ」。聞いている分には、その作家が当時小学五年生であり、甲子園の近くにあった学校では教師が阪神の話ばかりした、という情報がちゃんと伝わる。初めから原稿になりやすいように喋ると、かえって話は弾まず、中身がつまらなくなることも多い。

だからその場では存分に喋り、あとでその雰囲気は残しながら、読めるかたちに手を入れる。こういった工夫が、話し手にも編集者にももとめられた。

小説のなかの会話も、ふつうの会話とはかなり掛け離れている。特別の人物ならばともかく、すべての登場人物があんな見事に話すはずはない。当の作者よりもずっと立派に話しているのではないだろうか。

小説の会話が日本語の話し言葉そのままの姿ではないように、活字になった対談や座談も、一種のつくりものだったのである。話し言葉が読むための言葉に変換されていたのだ。

どの言語でも話し言葉と書き言葉がちがうのは当然だが、日本語の場合は、歴史的な経緯があり、とくに溝が深い。

話し言葉は無文字社会の原日本語の流れをくみ、書き言葉は舶来の漢文を読むために工夫された漢文訓読体(と近代の欧文解釈体)の末裔である。簡潔をむねとする漢文と、なにかについて話しはじめれば、どこまでもつづけられる話し言葉とでは、語りのスタイルがまったく掛け離れているのだ(話体の書きものもあるが、かなり意識的な作品である)。

とはいえ、日本語も漢文も、どちらも主流は主語+述語という構文ではなく、「題目」+述部という成り立ちである。だから書き言葉でも、話し言葉ほどではないにせよ、ねじれやすい性質がある。とくに日本語では「てにをは」があるために、ねじれが際立つ。

題目+述部という構文は、主語+述語という構文にくらべて、のびのびとした展開を許容する。しかしコントロールが効かないと、だらだら流れたり、ねじれたりする欠点がある。

だから編集者は対談・座談だけでなく、書いた文章に対しても、ねじれをほどいたり、長すぎるセンテンスを短く切ったりする作業に、多くの時間を取られる。つまらぬといえばじつにつまらぬ作業だが、修練を要する作業でもあった。作家の文章にはおおむねこんな手当は必要ないから、文芸担当以外の編集者がかえっていつも文章と格闘していたのであった。

日本語は題目を優先する

日本語の文章は、日本の河川のように、あちこちに蛇行し、随所にあふれ出る。護岸工事をすればするほど景観を損なうのとおなじく、論理を優先しすぎると語り手の気持ちが削ぎ落される。

西欧語の主語+述語という構文は、あふれる気持ちをその場では制御し、あらためて別のかたちで表現するように仕向ける。そのように構文法を整序することで、構造が不明確になる危険性を閉ざした。

日本語も、主語+述語のかたちで文を構成する装置はすべて整っている。命題をつくり、その命題をさらに他の命題に関連させるための論理的な手続きにも事欠かない。

だから主語+述語の構文で文章を書くことは、日本語にとってむつかしいことではない。しかし私たちは、自分が語りたいことをまず題目として発話し、それからその題目について言いたいことをコメントする。

このとき、題目と述部との論理的関係はとくに意識しない。結果として、両者が主格補語と述語の関係になっていることもあれば（「境内は賑やかだった」）、場所とそこにおける出来事の関係になっていることもあり（「境内は縁日が出ていた」）、時間とその情報の関係になっていることもある（「明日は縁日がない」）。両者の結びつき方はきわめて多様である。

「柴犬は犬だ」と言うとき、柴犬が犬という集合の一メンバーであることを日本語の文法が保証する。「犬は柴犬だ」と言えば、いま犬を飼うなら柴犬でしょうとか、犯人が散歩させていた犬は柴犬だったとか、いろいろな意味になることを文法が支えている。

「柴犬」と「犬」を入れ替えると、文の意味構造自体が変わるのは、日本語が非論理的だからではなく、複雑な論理に支えられているからであり、「犬は柴犬だ」がさまざまな意味をもち得るのは、文脈と密着した関係を取り結んでいるからである。

題目と述部との論理的な関係は、話されたあとでしか分からない。聞き手にとってはもとより、話し手自身にも初めからはっきりしていたわけではない。言いたい気持ちだけが前のめりになり、論理的な関係はあとまわしになりがちなのである。

晦渋《かいじゅう》な日本語を書くひとが、英語で論文を書くと、目を疑うほど分かりやすい文章になっていることがある。条件節のほとんどが given that…… で始まる英文を読んだこともある。

外国語で書いているのだから、むつかしい構文を駆使できないのは当然だが、それ以上に、外国語で書く場合には文法や論理的なつながりにいちいち意識的になるのである。スピーチの場合も同様であろう。

日本語は母語だから甘えがある。思いつくままに喋っても、だいたい意は通じる。その調子で文章を書くと、この甘えと構文上の特質があいまって、しばしば意味不分明な文章が出来あがる。日本語の特質を自覚し、活かす努力が足りなかったためだ。

書いたものは読み直しができるから訂正が可能だが、自身の気持ちや言い回しを大事にするあまり、筋が通っているかどうかは、おろそかになりがちである。天に唾《つば》したことにならぬよう、心して本書に取りかかりたい。

本書の構成

全体の見取り図を最初に掲げておきたい。

第一章では、日本語において、話し手と聞き手はどのような関係になっているのかについて考える。話し手の意識の問題ではなく、文法の問題、つまり話し手を無意識のうちに誘導している規則の問題である。日本語では聞き手にきわめて大事な席があたえられている。キーワードは、だれもが毎日使っている「そこ」と「それ」。

第二章は、この序章でもちょっと触れた、題目と述部との関係である。ここに生れながらの日本語の個性があった。キーワードは助詞の「は」。

第三章は、日本語は世界をどのように構築しているのかといった問題である。言語によって世界の組み立て方は異なるのである。キーワードは、「が」や「を」や「に」や「と」や「で」などという助詞。

第四章では、話される内容と、話し手のその内容に対する態度や気持ちは、日本語の構文のなかでどのように織りあわされているのか、といった問題を考える。キーワードは、「詞」と「辞」、あるいは「コト」と「ムード」。

第五章では、哲学的にもきわめて重要なタームである「ある」について探求する。ただし形而上学的にではなく、文法的に。そのことを通して哲学的な問題にも光を当てられるかもしれない。

最後に、思考と日本語との関係を「隣接」という原理の問題として考える。この原理が、本書のすべての問題にかかわるもっとも基本的な原理であったことを確認して、しめくくりとしたい。

第一章

「そこ」が対話のポイント——聞き手の場所へ

1 ❖「そこ」とはどこのことか？

話し手の領域と聞き手の領域

まずは種も仕掛けもないごくふつうの会話から。

「**その**碁盤、買ったんですか」
「**この**碁盤ですか。昨日、南口の道具屋で買いました」
「ああ、**あの**道具屋ですか。**あそこ**はいいものが出ますね」

客と主《あるじ》の会話である。太字にした指示語によって、碁盤のおおよその位置がわかる。碁盤は、聞き手である主に近い棚の下にでも置かれているのであろう。だから話し手である客にとっては、「その碁盤」となる。

主は自分の近くにある碁盤だから、「この碁盤ですか」と聞き返す。ふたりから離れた道具屋は、「あの」、「あそこ」と呼ばれた。主も、「あそこの親父はなかなかの目利きですよ」

など応じたかもしれない。

「あの」、「あそこ」と呼ばれるためには、両者が知っているところでなければならない。聞き手が知らない場合には、「どこの道具屋ですか」、「本屋の隣りですよ」、「ああ、**あそこ**ですか。入ったことはありませんが」、といったようなやりとりになるだろう。あるいは、「**その**道具屋は南口のどのあたりですか」と聞き返したかもしれない。

これが庭の木を指す場合には、「あの白い花はなんという木ですか」となり、主も「ああ、**あの**木ですか、シャラです。なかなか清楚でしょう」などと答える。

「吾輩」を称する猫の家でも、主人の苦沙弥《くしゃみ》先生と客とのあいだで、「さあどうぞ**あれ**へ」をお互いに繰り返して、相手を上座《かみざ》に座らせようとするシーンがあった。ふたりとも下座《しもざ》から床の間を指さしているのである。

「こそあど」の体系は、話し手と聞き手が物理的におなじ場所にいなくても成立する。野《の》辺山《べやま》の山荘から友人が電話をかけてきた。

「東京はまだ暑いだろう」

「暑いどころじゃない。ポストに行っただけで大汗だ。**そっち**はどうだい」

「朝晩はだいぶ冷え込む。そろそろ引き上げようかと思ってる」

「まだ**そっち**にいたほうがいいぞ。**こっち**の残暑には閉口する」
「ところで、Sはまだパリかい」
「**あいつ**はまだ**あっち**だ。夏休みいっぱいはいるらしい」

おなじ場所にいるのと変わらずに「こそあど」を使うことができた。電話回線を通じて両者のあいだに同一の場所が設定されたからである。日本にいるふたりがパリにいるSを「あ」系で呼んでいたのは距離の問題ではない。パリのSから電話がかかってきた場合には、野辺山の友人が「あいつ」と呼ばれ、野辺山が「あそこ」になるだろう。

このように話し手の領域が「ここ」、この領域にあるものが「これ」、体言を修飾する場合は「この」、用言を修飾する場合は「こう」になる。

おなじく、聞き手の領域が「そこ」、以下、「それ」、「その」、「そう」。

話し手、聞き手双方から離れたところが「あそこ」、以下、「あれ」、「あの」、「ああ」となる。

場所が不定ならば、「どこ」、「どれ」、「どの」、「どう」である。

聞き手が最初の話し手に応答すれば、今度は聞き手が話し手となる。話が終わるまで、この立場は交替しつづける。

一般に「こ」系の指示語は近称、「そ」系は中称、「あ」系は遠称と呼ばれる。代表的な国語辞典である『大辞林』や『広辞苑』もそう説明してきた。

しかしこの近称、中称、遠称という呼び方は、直線状に三者が並んだ印象があり、あまり適切ではない。右の例文でも、南口の道具屋はふたりから等距離にあり、主、客、道具屋の順でだんだんと遠くなったわけではない。東京とパリの電話では、東京にずっと近い野辺山のほうが「あそこ」と呼ばれるのである。

ここまでは人や物や場所についての例であるが、話し手に属する事がらはすべて「こ」系であり、聞き手に属する事がらは「そ」系になる。たとえばこんな感じだ。

「上司とのトラブルで、最初の会社は辞めました」
「へえ、**そう**だったんですか」
「**この**一件で起業を決意したんですよ」

最後の「この」は、「その」であってもおかしくない。「その」の方が自然な場合も多い。その間の事情については、すこしあとで考えるとしよう。

このように日本語には、話し手の領域、聞き手の領域が語彙《ごい》の体系のなかにしっかりと組みこまれている。このことが本章の最初のポイントになる。

「こそあど」という仕掛け

「こそあど」の体系（いわゆる近称、中称、遠称、不定称の体系）について、初めて組織だった理論を立てたのは、心理学出身の日本語学者・佐久間鼎《かなえ》であった。戦前のことである（『現代日本語の表現と語法』、一九三六年）。

佐久間は、「こそあど」を、「もの」（たとえば「それ」）、「方角」（「そちら」、「そっち」）、「場所」（「そこ」、「そいつ」）、「性状」（「そんな」）、「指定」（「その」）、「容子《ようす》」（「そー」）のそれぞれについて、分類・整理した。名詞、連体詞、副詞などという品詞分類を跳び越えて、「こ」、「そ」、「あ」、「ど」相互の関係を示してみせたのである。

	〝近称〟	〝中称〟	〝遠称〟	不定称
もの	コレ	ソレ	アレ	ドレ
方角	（コチラ／コッチ）	（ソチラ／ソッチ）	（アチラ／アッチ）	（ドチラ／ドッチ）
場所	ココ	ソコ	アスコ	ドコ
（もの／人（卑）の）	コイツ	ソイツ	アイツ	ドイツ
性状	コンナ	ソンナ	アンナ	ドンナ
指定	コノ	ソノ	アノ	ドノ
容子	コー	ソー	アー	ドー

英語などの欧米語が、「thisとthat」、「hereとthere」などの二項対立によって出来あがっているのにくらべて、この「こ・そ・あ」の三項対立は日本語のひとつの特徴である。しかし日

本語オリジナルではない。

お隣りの朝鮮語（本書では、言語・地域を指す場合は「朝鮮」を用いる）も三項対立から出来ているし、佐久間も、台湾先住諸族の言語などに、この三項対立の指示語体系があることを指摘していた（同上）。

欧米語は、話し手の「ここ」を中心にした同心円的な構造をもつのに対して、日本語は、「ここ」と「そこ」というふたつの焦点をもつ楕円的な構造である。しかし欧米語に「そこ」がないのかといえば、そんなことはない。

「that」は「それ」であり、かつ「あれ」である

手もとの英和辞典で、this と that を引いてみると、つぎのような語法上の説明がある（『小学館英和中辞典』）。

話し手と聞き手とが対立してとらえられるときには、this が話し手の領域を指し、that が聞き手の領域を指す。このとき this は「これ」と訳され、that は「それ」と訳される。

Where did you buy that, Tom?（それどこで買ったの、トム）

一方、話し手と聞き手がひとまとまりになった場合には、その領域が this であり、その他の領域が that になる。このときの that は「あれ」と訳される。

Who is that?（あれはだれだ）

すなわち、話し手の領域が「私」だけで形成される場合と、聞き手をふくんだ「私たち」として成立する場合とがあり、それに応じて that が「それ」になったり、「あれ」になったりするのである。

日本語でも、「こ」の領域が話し手だけの場合と、聞き手をふくんだ場合とがある。

「越後屋、今宵《こよい》のことは、**ここ**だけの話だからな」

「ご家老さま、もちろん**あちら**には内緒でございます」

青梅《おうめ》市と江戸川区も、関西に対比されるときには、ともに東京になるのとおなじように、ごく一般的なメカニズムである。この間の機微を語法に即して追究したのが、佐久間を師と仰ぐ三上章《あきら》であった。

「それ」対「これ」と、「あれ」対「これ」

三上章は、「**そうこう**するうちに**かれこれ**退け時《ひどき》になり**あちらこちら**から」といった言い方のなかに、「それ」と「あれ」の組み合わせがなく、そのかわりに「**だれそれ**」、「**どこそこ**」といった言い方があることに着目し、「それ」、「これ」と、「あれ」、「これ」とは、異なるレヴェルで使われることに気づいた。

話し手と聞き手が向かいあっているときには、両者はそれぞれ楕円のふたつの焦点に立つ。このとき楕円の外側は問題にならず、「これ」と「それ」の対立しかあらわれない。ところがひとたび両者が眼を外に向けると、まなざしの向かうところは「あれ」の世界であり、「これ」と「それ」の領域から出来あがっていた内側の世界は、ひとしなみに「これ」の領域になる。相手の存在が消えてなくなったわけではないのに、「それ」の領域は「これ」に吸収され、楕円はいつのまにか円になる。

「**ここかしこ**」、「**あちらこちら**」、「**あれ**か**これ**か」、「**かれ**も人なり**われ**も人なり」の内外自他の対立の世界であり、この対立には、「それ」が介在する余地はない（三上章『現代語法新説』、一九五五年）。

楕円のなかでは「それ」であったものが、円のなかでは「これ」に統一されるメカニズムは、英語のthatが話し手と聞き手が対立した場合には「それ」になり、両者がひとまとまりになったときには「あれ」になるのとおなじメカニズムである。日本語では三語を使いわけたところを、英語は二語で賄《まかな》った。英語には「それ」の世界がないのではなく、thatを重宝《ちょうほう》に使いまわしていたのである。

2 ❖ 現場指示の「それ」と文脈指示の「それ」

「これ」が「それ」になるとき

日本語の「そ」系の言葉は、使いみちがかぎられているのだろうか。そうではない。「こ」系と「あ」系の対立のなかで、指示する役割を失った「そ」系の言葉は、「文脈承前専門」のはたらきをするようになった。これが三上の説くところである（同上）。用例に即して見ていこう（三上の文例は高級すぎるので、卑近で分かりやすい文例に替えた）。

「昔、熊に襲われたことがありました」

「**それ**はいつのことですか」

「局長の釈明は胡散臭《うさんくさ》いわね」

「ほんとに**そう**だ」


「越後屋、お前も悪いな」

「へへ、**そう**おっしゃるご家老さまこそ……」


どれも、話し手の言ったことを「そ」系の指示語で反復した、ごく一般的な用法である。

ではこんな使い方はどうだろう。


「子どもの頃、神隠しにあいましてね。**この**ことは一生忘れられません」

「**その**頃、どちらにいらしたのですか」

「遠野《とおの》の山のなかですよ。**それ**も遠い昔のことになりましたが」

「この」で受けた自分の体験を二度目には「それ」と言いなおしている。「これ」が「それ」

に変換したのである。

ではつぎのような例はどうだろうか。

「鎌倉に攻め上がる途中、新田《にった》義貞がここ武州小手指原《こてさしがはら》で幕府軍を打ち破りました。**それ**は元弘三年五月のことであります」

「マンションばかりの**この**風景からは、ちょっと想像がつきませんね」

ここでは、自分が話したことをすぐさま「それ」で受けている。これも日常の会話にしばしばあらわれる例で、特別のことではない。

この場合は「こ」系で受けることも可能だが、つぎのような場合には、「こ」系だとむしろ不自然になるだろう。

「三月の空襲で、家を焼かれ、逃げ遅れた母を失いました。**それ**は怖ろしい出来事でした」

つまり自分の領域に属する話柄であっても、いったん発話されると、「そ」系の指示語で受けることが多い。

佐久間鼎も、「眼前の事象をさして『これ・この』を用いるのに対し、話された事件などで現に相手との間に話題になっている場合には、『それ・その』でさすのが普通で、また自然でしょう」と述べている（『現代日本語の表現と語法』）。

また、「ほんとうに、そうなら……」と言えば、相手の言葉が真実かどうかにかかわるけれども、「そういう次第で……」ならば、自分の立場を述べて相手の了解をもとめているのだと説明した。

自分から出した話柄であっても、いったん発話されたからには、「そ」系の言葉で指し示す。これが、佐久間・三上師弟の観察であった。

話柄を指示しているのに「そ」系で受けず、「こ」系で受けるのはむしろ特別の場合にかぎられる。

話の相手がきわめて重要な指摘をしたときなど、「**これ**は大事なポイントだから、**ここ**でしっかり検討しておこう」と、相手のコメントであるのに、自分の領域に引き取って、「こ」系で対応することがある。些末な指摘ならば、「**それ**はあとまわしにしよう」とぞんざいに応対するところだ。

商談で相手の出した条件がよすぎるような場合にも、「**この**話はちとうますぎる」などと言う。

つまり相手が提出した話題であっても、自分の方へ引き寄せた場合には、「これ」で受けるのである。

こんな用法もある。「三上章は『文脈承前』と述べていますが、**これ**はいまの『文脈指示』にあたります」というように、直接引用の場合にも「これ」で受けることが多い。引用されたばかりのものは、まだ引用者の手許にあるものと見なされるのだろうか。

このような特殊な例を除いて、「文脈承前」の場合は「そ」系で受ける。これがふつうの用法であった。

文脈指示の「それ」

ではなぜ、「文脈承前」に「そ」系が使われるのだろうか。

三上は、「この甲乙二用法（「指示」と「文脈承前」——引用者）には心理的な関係があると思われるが、その関係はまだよくわからない」と述べた。

しかし、「そ」系の文脈指示語と、談話の現場とのあいだには、「心理的」というよりは、語法上のつながりがあるのではないだろうか。

そもそも「文脈承前」と「指示」とはどこがちがうのか、そこから考え直してみよう。現在の日本語学では、前者を「文脈指示」、後者を「現場指示」と呼ぶのがふつうであり、本書でも以後、対比を明確にしたこの用語を使用する。

この章の最初に取りあげた文例をもう一度見ていただきたい。


「**その**碁盤、買ったんですか」

「**この**碁盤ですか。昨日、南口の道具屋で買いました」

「ああ、**あの**道具屋ですか。**あそこ**はいいものが出ますね」


客と主《あるじ》の会話であった。ふたりはおなじ場にいて、指示対象である碁盤を実際に指さすことができた。

しかし道具屋はそこからは見えない。聞き手は「南口の道具屋」という言葉に促されて、その店をイメージすることができた。聞き手にもなじみの店であったからだ。「**あの**道具屋」は談話の現場からは見えないけれども、両者の視線の延長上に存在していたのである。

もし聞き手がその道具屋を知らなかったら、「**その**道具屋は南口のどのあたりですか」なぞと、「その」で聞き返すことになっただろう。このとき、道具屋は聞き手の視線の延長上にはなく、話し手の文脈のなかにしか存在しない。

「あの」で指示された事物は、談話の現場近く（庭に咲いているバラを指して「あのバラ」）、あるいはその延長線上（「あの道具屋」）に存在するのに対して、文脈指示の「その」によって指し示された事物は、談話のなかにだけ存在する。

「**あの**苦沙弥《くしゃみ》先生のモデルは漱石自身と考えてかまわない」と言えるのは、話し手聞き手の双方が『吾輩は猫である』の読者である場合にかぎられる。聞き手が登場人物を知らなければ、「**その**クシャミ先生とはどんな人物なのですか」と問い返すかもしれない。

苦沙弥先生が虚構のなかの人物であっても、「あの」の用法としては、「あの道具屋」とおなじ領域に分類される。つまり話し手聞き手双方に共有され、志向された対象であった。

三上章も、「ソレ系列だけが、deictic のほかに anaphoric にもなる」と結論していた（『文法小論集』）。deicticは「直接指示」、anaphoric は「文脈承前」のことである。三上は、文脈指示の「あれ」、「これ」と、現場指示の「あれ」、「これ」とに関しては、連続線上に眺めていたのである。

現場指示の「こ・そ・あ」の三項対立と、朝鮮語の指示語の三項対立とは、重なりあう関係にある。しかし文脈指示の段になると、朝鮮語は日本語の「そ」に当たる「ユ《ク》」が一手に指示の役割を引き受け、日本語のように「そ」のほかに、「あ」と「こ」もそれぞれの役割を請け負うことはない。

そのため日本語を学習する韓国人学生は、友だちのあいだで話題になっている本を指して、

「その本は面白い」と言ってしまうらしい。日本人なら「あの本は面白い」と言うところだ。

朝鮮語では文脈指示を「ユ《ク》」が一手に引き受けることで、現場指示と文脈指示とをはっきり区別するけれども（ユ《ク》を両方に使いわけてはいたが）、日本語では「こ・そ・あ」のすべてを文脈指示に使い、現場と文脈とのあいだがかなり連続的であった。

「**あの**バラ」と聞いただけでは、談話の現場近くに咲いているバラなのか、話し手聞き手双方の記憶のなかにあるバラなのか、話題にあらわれたバラ（たとえば小説の主人公の庭に咲いたバラ）なのか、一概に決められない。

話は「そこ」に差し出される

「あれ」や「これ」の場合は、現場指示と文脈指示とのあいだが連続的であるのに、「それ」だけは両者が切り離されているのだろうか。現場指示の「それ」の用法は、文脈指示の「それ」のなかにも、引き継がれてはいないだろうか。

「ちょっと拝見」と言われて手渡した茶碗について、「**その**茶碗は友人の実家の窯元《かまもと》で焼いたものです」と説明する。自分のものでも相手の手許にあれば、「その茶碗」である。現場指示としてふつうの用法だ。

自分の体験談を語り終えたところで、すぐさま、「**それ**も今は昔の話です」とコメントする。

話し手は、聞き手に届けた話題はすでに聞き手の手中にあるものとして、「そ」系で指示し、聞き手の了解を促しているのではないだろうか。

事物が移動した場合にも、話が聞き手に移動した場合にも（正確に言えば、話が聞き手に了解された場合にも）、移動したものは「そ」系の言葉で受け止められる。文脈指示の「そ」にも、現場指示の「そ」とおなじ原理がはたらいていたのである。

だからこそ逆に、相手の発言であっても、自分の手許でしっかり処置したい事案の場合には、「**これ**は大事なポイントだから、**ここ**でしっかり検討しておこう」と言うのである。

私たち日本語話者はこのように「こそあど」を使いわけてきた。「こそあど」の体系は、私たちがそのつど意識しているかどうかは別にして、聞き手の共感と同意をつねにもとめるかたちで、話を進めるように設定されていたのである。

3 ❖ 文脈をつくる「それ」

文脈指示のメソッド

話題は話し手が提出するものだから、さっき仕入れたばかりの話題であっても、自分から言いだすかぎりは「こ」の領域に属する。それがすぐさま、「そ」の領域に移行する。ところが「それ」で受けたからといって、話題が聞き手に共有されたとはかぎらない。話し手が「そ」系の指示語で話を進めても、聞き手がなにを言われているのか分からなければ、独りよがりにすぎないからだ。話題が共有されるためには、話し手の側に言葉の工夫が必要である。

「こそあど」の体系を解明した佐久間鼎はまた、話し手の話題に聞き手を引き込むための語法的な手続きについても探究した（『現代日本語法の研究』、一九四〇年）。

談話の現場でなされる「眼前指示」に対して、佐久間は現場から離れた話題の場における指示を「関説的指示」と呼んだ。前者は現場指示に、後者は文脈指示に相当する。

話題のなかの事物は、眼の前にある事物のように直接に指さすことができないから、なにかと関連させて指示するしかない。これが関説である。

これにはふた通りあり、ひとつは話柄となる事がらの背景説明である。話柄を「図」とすれば「地」に相当する。いつ、どんなところで、だれに、どんなふうに、といった説明だ。

もうひとつは話のつながりぐあい、すなわち狭義の文脈である。それまでの話がどうなっていたのか、これからどんな道筋で話を進めていくのかといった説明である。

指示対象が眼の前にない（どこにもないのかもしれない）ときが、文脈指示語の出番である。主と客人の眼の前にあった碁盤は、「その碁盤」とか「この碁盤」と呼ばれていた。これに対して、碁盤を買った道具屋は「あの道具屋」と呼ばれた。「こそあど」の標準的な使い方である。

ふたりの視界から離れた道具屋の話がすんなり通じたのは、碁盤の話が先にあり、つぎに「南口の道具屋」と指示されたからである。もし急に道具屋の話をしようとすれば、「南口の本屋の隣りの道具屋をご存じですか」などと、最初に場所を確定してかからなければならなかった。これが背景説明である。

では文脈のほうはどのようにつなげられるのだろうか。佐久間の例文を引用する。

風が吹いた。**それから**雨も降り出した。
とにかくいって見た。**そうしたら**ちゃんと出来上っていた。
君はソーダ水にするか?。　**それとも**お茶がいいかナ?。
今日は上天気だ。**それに**日柄も悪くないと来ている。

「そ」系の指示語が巧みに前の文を受けて、文脈を形成している。また、「しかし」は「しかしながら」に由来し、この「し」と「そ」は同源であるから、やはり「そ」系と見なされる。「のみならず」も「それのみならず」の省略とすれば、これもまた「そ」系に該当する。接続語のなかには、「ただし」、「もっとも」、「ついては」、「したがって」のように、「そ」系でないものもあるが、数は少ない。

佐久間はつぎのような例も挙げている。

風が吹き出す。（そう）**する**と急に寒くなる。
皆さんお集りになりましたネ。（それ）**では**始めましょう。
たいそう力があるネ。（それ）**でも**すもう取には勝てまい。
舟を漕ぎ出した。（そうした）**ところが**風が吹いて来た。

（　）のなかの語句は省略されることが多いけれども、太字の接続語のなかに、そうした指示の意味がふくまれていると、佐久間は見る。

このように、それまでの談話の流れと、これから話そうとする話柄とをしっかりつなぎとめるのも、指示語、とくに「そ」系の言葉のはたらきであった。

人称と「こそあど」は対応する

人称代名詞というと、すぐに「私」、「あなた」、「彼・彼女」が挙げられるけれども、実際のところ、これらの言葉は英語の「I」、「you」、「he・she」とおなじようには使われない。

もともと「あなた」は遠称の指示語であり、その指示語が変転に変転を重ねて、いまでは、相手を指す言葉として、とくに「you」の翻訳語として、部分的に定着したにすぎない。

「私」という言葉も、一般名詞から人称名詞に転用されたもので、もとは一人称専用の言葉ではなかった。

「かれ」もまた、もとは遠称の指示語であった。人称名詞に転用されてからも、男女双方に使われた言葉である。それをもう一回復活すれば、「彼ないし彼女」などといった、わざとらしい言葉づかいをしなくて済むのではないだろうか。

このように日本語にはほんらい代名詞などというものはなかった。英語の「I」、ドイツ語の「ich」、フランス語の「je」のように、由緒正しく純正無垢の代名詞は存在しなかったのである。

西洋語の代名詞には一般の名詞とはちがった語法があるけれども、日本語の「代名詞」にそんなものはない。ひとつだけ例を挙げると、He was given a gold medal. とは言えても、He was given it. とは言えない。しかし日本語では、名詞は自在に「代名詞」に置き替えられる。語法の面で「代名詞」に特別の機能がなければ、文法上の品詞としてわざわざ「代名詞」を立てる必要はない。ただ意味の上で、「猫」や「文学」という一般の名詞とはかなりちがうので、名詞の下位分類として「人称名詞」を立てておけば十分であろう。

三上章は、英語でも代名詞と呼べるのは、「it, he, she, they」の四つにすぎず、日本語では「それ」ただひとつのところへ、「彼」と「彼女」が板につきつつあると述べた。一九五五年のことである。その他のいわゆる代名詞は、たんに「指示詞」としたほうがいいくらいだと言った（『現代語法新説』）。

佐久間鼎は、話し手の場を、「われ」の「わ」から「わのなわばり」と呼び、聞き手の場を、「なれ」の「な」から「なのなわばり」と呼んだ（『現代日本語の表現と語法』）。当然ながら、前者は「ここ」に一致し、後者は「そこ」に一致する。

佐久間はこれらの対応関係をすっきりした表にまとめているが、「対話者の層」

指示されるもの	対話者の層	所属事物の層
話し手	（話し手自身）ワタクシ ワタシ	（話し手所属のもの）コ系
相手	（話しかけの目標）アナタ オマエ	（相手所属のもの）ソ系
はたのもの 人 もの	（第三者）（アノヒト）	（はたのもの）ア系
不定	ドナタ ダレ	ド系

と「所属事物の層」がみごとに対応しているさまが見てとれる。

佐久間はまた、国語学者・小林好日《よしはる》が収集した室町時代の人称語をもとに、自称に「こなた」、「こち」、「この方」、「こちとら」など、「近称」から出たものが多く、対称には「そち」、「そこもと」、「そなた」、「そこなもの」など「中称」に出たものが多く、他称には「あれ」、「あいつ」、「かのひと」、「あなた」など「遠称」に由来するものが多いことを指摘した。

このように「こそあど」は、「人称代名詞」という文法用語を不要にするほど、日本語のコミュニケーションの鍵となる体系であった。

「it」が「それ」と訳されたわけ

いかなる言語にも、すでに言及した事物、前段の主旨などを指し示す言葉が存在する。そういう言葉がなければ、何度でもおなじ言葉を繰り返さなければならない。

英語の「it」もすでに言及された事物や発言を指すために使用される。しかし日本人がオランダ語の三人称代名詞や英語の it に接したとき、それに相当する日本語の代名詞はなかった。そのとき翻訳者たちは、日本語のなかでおなじような役割を果していた「そ」系の指示語を、翻訳語として選択した。

話の流れのなかで存在がすでに確認された事物、あるいは認識がすでに共有された話柄を指す「そ」系の指示語が、このようにして it（英語の場合）の翻訳語として定着したのである。it はれっきとした三人称の代名詞であり、一人称や二人称の領域とははっきり区別された領域を支配する。my book も、your desk も、it で言い換えられた瞬間に、I からも you からも文法的に切り離される。

ところが it の訳語に使われた「それ」という語は、三人称の代名詞でもなければ、話し手からも聞き手からも独立した第三の領域を指示する言葉でもなかった。「それ」はほんらい聞き手の領域にあるものを指す言葉であり、転じて文脈内の事柄を指示する言葉になっていたのである。

明らかに背景の異なる it と「それ」とのあいだに、なんらかのひずみが生じてもおかしくはなかった。しかし現在、私たちは it を「それ」と訳し、they を「それら」と訳して、なんの不便も感じない。「それ」という指示語が文脈指示の役割を担ってきた長い歴史があったからであろう。

4 ❖ 敬語の鍵も聞き手にあった

敬語はどこからあらわれるのか?

敬語と聞くと、階級社会の残滓《ざんし》のように思って、そんなものなくてよいと考えるひとがすくなくない。私も古文で敬語を習ったときには、煩《わずら》わしいだけで、うんざりした記憶がある。ヨーロッパ近代語には敬語などなく、先生と学生のあいだでも、英語なら、I と you でやりとりする、と長いあいだ聞かされてきた。こういった敬語不要論に対して、どんな言語にも尊敬表現がないはずはなく、英語も例外ではない、とする見識が粗雑な議論をたしなめた。

他者に対する敬意や礼儀が存在するかぎり、どんな言語にも尊敬表現があるのは当たり前のことで、わざわざ強調するほどのことではない。にもかかわらず、日本語の敬語が煩雑きわまりないのは事実であり、敬語を専門とする日本語学者の数がこれを証明している。

しかし日本語の敬語が複雑なことを、身分秩序の反映という社会的な理由だけで片づけることはできない。敬語と人称とのあいだに深い関係があるからだ。このことを最初に発見したのは、近代国語学の巨匠というべき山田孝雄《よしお》であった。山田は『敬語法の研究』（一九二四年）という書物で、敬語の精細な分類・分析をおこなったが、以下は晩年における例解である（『日本文法学要論』、一九五〇年）。

たとえば、「これをいただきます」と言った場合、主格が省略されているが、「いただきます」は「謙称」（いわゆる謙譲語）であるから、その省略された主格が「私」や「僕」や「小生」であることは明らかだ。

「御尤《ごもっと》もです」と言えば、この「敬称」の省略された主格は、「あなた」や「あなたの御意見」だろう。

三人称の場合には、用言が敬語であっても、主格が省略されることはめったにない。一人称や二人称のように、主格がだれであるかが限定されていないからだ。例外は主格が天皇の場合で、「又まことにめでたい事だといふので、年号を養老とお改めになつた」という例を挙げて、主格が言わずと知れているからだと山田は説明した（三人称の主格が話し手と聞き手にすでに知られている場合に省略されるのは、一般の省略法である）。

用言が敬語であれば、一人称、二人称の主格をわざわざ表示する必要はなかった。日本語で主格がしばしば省略されるのには、このような理由もあった（山田のいう「省略」とは、「語の排列の原理」に照らしたもので、実際の話者の意識に即したものではない）。

『敬語法の研究』は、口語、候《そうろう》文、普通文に三分類して、それぞれの敬語法を分析しているが、敬語の法則がもっとも整頓されていたのは口語であった、と述べる。

談話の現場において敬語の体系がもっとも発達したこと、敬語と人称とのあいだに深い関係があること、人称が「こそあど」の体系と密接な関係にあること。これらのことを考えあわせると、敬語の体系もまた、話し手と聞き手をふたつの焦点とする談話の場をベースに発達したことが、よく理解できるのではないだろうか。

聞き手に対する尊敬と話題の人物に対する尊敬

山田の敬語論はきわめてオリジナルな理論であったが、談話の場と話題の場との関係についての議論がなく、話し手と一人称、聞き手と二人称、それぞれのあいだの区別もあいまいだった。

戦前戦後の国語学に理論的な一大旋風をもたらした時枝誠記《ときえだもとき》は、談話の場における話し手の聞き手に対する直接的な敬意の表現である「辞の敬語」と、話題のなかの人物どうしの敬譲の関係を客体化された言葉によって表現した「詞の敬語」とに、敬語を峻別した（『国語学原論』、一九四一年。時枝の言語理論は、第四章で集中的に検討する）。

これらの敬語論を踏まえて、戦後の国語学者である渡辺実《みのる》は、談話の場と話題の場との連関を明確に規定した敬語論を提出した（『国語構文論』、一九七一年）。

この敬語論のユニークなところは、談話の場における敬語はもとより、話題の場における敬語においても、話し手と聞き手の関係が大きく作用していることを明らかにしたことである。たとえばつぎのような例を挙げている。

A先生はこの町は初めてだから、B子さんが御案内**申し上げる**ことになったの。

従来の敬語論では、「申し上げる」はB子さんのA先生に対するへりくだった気持ちを表現した謙譲語であるとされた。ところがおなじことをA先生の同僚が話した場合、敬語が消えてなくなるのはどうしたわけだろうか。

A君はこの町は初めてだから、B子が案内することになったそうだ。

A先生とB子さんの位置関係はちっとも変わらない。けれども話し手がB子さんの同級生からA先生の同僚に代わっただけで、敬語が消滅した。

「御案内申し上げる」という敬語は、A先生に対するB子さんの敬意を表現していたのではなく、A先生に対する話し手の敬意をあらわしていたからではないか。だから話し手が同僚に代わると敬語も消滅した。渡辺はこのように解釈し、以下のように立論した。

談話の世界に話し手と聞き手があるように、話題の世界には、行為をする人物である「為《し》手《て》」と行為を受ける人物である「受手《うけて》」とが存在する。話し手が「為手」に敬意を払う表現を「為手尊敬」、「受手」に敬意を払う表現を「受手尊敬」と呼べば、右の例は「受手尊敬」の文であった。

「為手尊敬」の場合は、「A先生が**来られる**」のように、主人公にそのまま敬語を使えばよいのだが、「受手尊敬」の場合には複雑なプロセスを必要とする。これが従来の敬語論者を勘違いさせた原因であった。

「受手尊敬」はどのような手続きをとるのか。話し手は受け手のA先生を直接敬う表現手段がないので、B子さんを格下げすることで、間接的にA先生に敬意を払うという手段に訴えたのである。

この渡辺説によれば、話題の世界における「為手尊敬」と「受手尊敬」も、登場人物のあいだにおける敬譲関係をあらわしていたのではなく、話し手の「為手」や「受手」に対する敬意を表現していたのであった。

「敬語抑制」と「聞手尊敬」

話し手にはかならず聞き手が存在する。聞き手という存在は、話し手の敬語表現にどのような影響を及ぼしているのだろうか。渡辺の議論を追っていこう。

A先生とB子さんのことについて、校長先生がB子さんの同級生に話すときには、「A先生はこの町は初めてだから、B君が案内して**さし上げ**たのだが」といったようになる。校長先生から見れば、A先生は目下かもしれないが、聞き手である生徒の立場を考慮して、あえて敬語を使ったのである。

では生徒が話し手になり、聞き手が校長先生の場合にも、つぎのような敬語表現が見られるのはどうしてだろうか。「A先生はこの町は初めてですから、B子さんが御案内**申し上げる**ことになりました」。どうして「B子さんが案内いたしました」にならないのか。

この場合も、生徒は校長先生とA先生とをおなじ教師の側ととらえ、かれらと自分とのあいだを師弟ととらえたために、謙譲の敬語が使われたのである。

右の二例を見ただけでも、敬語表現では、じつに細やかに聞き手の存在に配慮していることが分かる。話し手・聞き手とは別の第三者を表現する場合にも、話し手はつねに聞き手の存在との関係を考慮しながら発話していたのであった。

自分自身が「為手」の場合には、話し手は「為手」としての自分を格下げして表現することで、聞き手に対する敬意を表明する。これがほんとうの意味で、謙譲と呼ぶべき敬語の使い方であった。また聞き手を「為手」として表現する場合は、ストレートに「為手尊敬」の表現を取ればよい。

このように聞き手を配慮した敬語の用法を、渡辺は「敬語抑制」と名づけた。

話題のなかに聞き手も話し手も登場しないときには、聞き手に対する直接の敬意の表現としての「聞手尊敬」の敬語が使われた。いわゆる丁寧語であり、「雨が降っています**ます**よ」、「そうで**ございます**か」のたぐいである。

以上、渡辺実の敬語論を紹介したが、概略だけでは分かりにくかったにちがいない。ここではただ、敬語も、話し手と聞き手の二焦点からなる「こそあど」の体系と大いに関係があるということ、このことだけ心にとめておいていただきたい。

【この章のまとめ】

言語コミュニケーションの基盤にある話し手と聞き手との位置関係について、そしてそれが日本語の体系のなかにどのように組み込まれているのかについて、考えてきた。

聞き手が言語コミュニケーションに不可欠な存在であるのはいうまでもない。これはどんな言語にも共通する原則である。言語とは話し手と聞き手の双方がそれぞれの意思を交換しあい、共通の了解を構築しようとするゲームであった。

日本語のように、話し手の領域、聞き手の領域、双方の外部にある領域という三項対立の言語では、語彙システムのなかに、聞き手の領域がしっかりと組み込まれていた。「こそあど」という指示語の体系は、言葉を話すときに、また言葉で考えるときに、聞き手というコミュニケーションの相手をつねに配慮させるシステムであった。

話し手は、ほんらい「こ」の領域に属するはずのみずからの発言を、すぐさま「それ」や「その」という聞き手の領域を意味する指示語によって表示した。みずからの言説を聞き手の領域に差し出したものとして理解したのである。

敬語の世界も、話すひとと聞くひととの関係をデリケイトに表現していた。

ただし、日本語とおなじく「こ・そ・あ」の三項対立の指示語体系をもつ朝鮮語では、いわゆる絶対敬語という、日本語とは異なる敬語体系を発達させた。「こ・そ・あ」の体系と敬語体系とを短絡することはできないのである。

つぎの章では、そのようにして共有された話題が構文のなかにどのように位置づけられていくのか、具体的に見ていきたい。この章で取り上げた「それ」、「その」という指示語の問題は、つぎの章の助詞「は」の問題に直接につながっていく。

第二章

「は」は語りかけのサイン——対話をつくる構文

1 ❖「姉さんは男の子です」

現場にいればすぐ分かる

「姉さんは男の子です」

という一文をいきなり見せられたら、だれでも首をひねる。ところが実際の会話の場にいれば、困惑することはなにもない。たとえばこんな具合だ。

「お宅、お子さんは」
「娘が一人います」
「お姉さんのところは?」
「姉さんは男の子です」

「お姉さんのところは?」と聞かれて、「姉さん」のところの子どもは「男の子」だと返答した。それだけのことである。相手が知りたいことは「姉」の子どもの内訳、だから「男の子」と答えた。まちがえようのない応答である。

「姉さんは男の子です」のような文は、独立した一文の場合、包摂《ほうせつ》文として理解される。つまり「姉」という個体が「男の子」という集合の一メンバーであると解釈される。それが常識的な理解であるから、この一文だけを見せられれば、解釈に戸惑うのであった。

包摂文とは、ある個体がある種の一メンバーであるか、ある種がさらに上の類の一メンバーであるかを示す文の形態だ。「ソクラテスは古代ギリシアの哲学者である」が前者の例、「クジラは哺乳類である」が後者の例になる。

これらの包摂文はそれだけで完結した意味をもっている。だからそれぞれの文に対して、正しいか正しくないかという判定を下すことが可能になる。こういう文を論理学では「命《めい》題《だい》」と呼ぶ。

「姉さんは男の子です」という例文は、三上章の文法書のなかで見つけたものである。姉さんが「男の子をほしがっているような場合」と注釈されていた（『日本語の構文』、一九六三年、『文法小論集』、一九七〇年）。

ではこの「は」という助詞につながれた「姉さん」という言葉と、「男の子です」という説明とのあいだには、どんな文法的な関係があるのだろうか。

「姉さん」が英語やドイツ語など西欧語の「主語」であれば、きまりとして「述語動詞」

が出現しなければならない。西欧語はそういうルールにしたがったＳＶ構造型の言語であった。

しかし日本語では、最初に「は」で提示された言葉に対して、それを説明するものであれば、どんなかたちの説明であっても、文法的にはおおむね許容される。

つまり最初に提示された語句と説明の語句とのあいだに、一定の厳格な文法的な約束はないのである。

「姉さんは」のあとに、「コイだ」というコメントがつづけば、「姉さんが注文したのはコイだ（ボクはナマズだけれども）」といった川魚料理屋での会話かもしれない。

観賞魚ショップの店頭なら、「姉さんが飼っているのはコイだ（ボクはメダカだけれども）」といった意味であろう。

会話の場によって意味はいくらでも変わるが、その場にいれば、解釈に戸惑うことはない。最初の例文の場合、「お宅、お子さんは」という問いと「娘が一人います」という答えによって、双方に共有された話題の場が出来あがっていた。

「お姉さんのところは?」という問いは、その子どもの内訳を尋ねているのであり、それ以外ではない。

この問いに「姉さんの家は庭にオリーヴの大きな木があります」と応答したのでは、会話はつながらない。「姉さんは男の子です」とか「男の子と女の子です」とか、「姉さんには子どもがおりません」などという答えが望まれていたからである。

「は」は共有の指標である

「姉さんは」という言葉は、ここでは「お姉さんのところは（お子さんは）？」という相手の問いを反復しているのだから、説明の句はその答えでなければならない。

つまり「は」という助詞は、聞き手とのあいだに共有された話題を指し示す指標であった。その話題が話し手と聞き手のあいだに了解されていれば、その先は、「は」という助詞の力によって、文法的にはかなり自由に文章を展開することができる。

三上章もつぎのように言っている。「『Xハ』は題目の提示ですが、提示はもちろん相手に向かってです。提題とは、題目を『ソレ』の領域にさし出すことだとも言えます。だからさすなら『ソレ』です」（『象は鼻が長い』、一九六〇年）。

であるのに、「カンニングは、これをしてはいけない」などという言い方が通用しているのは、漢文訓読の弊害だと、三上は慨嘆した。

ただし厳密にいえば、題目を「それ」の領域に差し出すのではなく、話し手と聞き手とのあいだに共有され、「それ」の領域に着地した話題だけが、つぎに発話される文の題目になる資格をあたえられるのである。

この題目と「は」という助詞の関係については、これまでさまざまな文法家によって性格規定がなされてきた。戦前の大文法家である松下大三郎は、「は」は「題目語」を指し示すと規定したうえで、その題目語は「既定・不可変・不自由」という性格をもつとした（『標準日本口語法』、一九三〇年）。

その後の学説史的な展開ははしょるが、「は」は「既知」の事物を指し、「が」は「未知」の事物を指すという、情報論的な説明が今日ではかなり一般的になった。この説明は実用的には役に立つが、本筋を外している。

「既定」とか「既知」というのは、ただたんに聞き手に知られているということではなく、話し手の差し出した話題が聞き手にすでに了解され共有されているということである。この手続きが済んだことを「は」という助詞が保証しているのである。

「姉さんは男の子です」という文例が唐突に示されれば、読者は、「姉さん」について、女の年上のきょうだいという概念的な（辞書的な）把握しかできず（これが了解の限界である）、したがって包摂文として理解し、意味が取れずに困惑するのである。

実際の会話では、姉のところの子どもの内訳が問題になっていたのだから、概念的な姉ではなく、「その子どもの内訳が話題になっている自分の姉さん」というところにまで、「姉さん」という言葉は具体化されていた。「は」という助詞には、話し手のそのような了解と共有の意識とが示されている。

題目は「は」で示されるが、「は」に提題のはたらきはない

ここで注意しておきたいのは、「は」という助詞の前に来る言葉がすべて題目というわけではないということだ。たとえば尾上圭介や堀川智也といった文法学者が挙げる、つぎの歌詞を見ていただきたい。

飲んで騒いで丘にのぼれば　はるかクナシリに白夜**は**あける（「知床旅情」）

この「は」は、どう見ても題目提示ではないし、のちに述べる「対比」でもない。尾上はこれを「額縁的詠嘆」と呼んだが（『「は」の意味分化の論理』、一九九五年）、この歌をカヴァーした加藤登紀子ではなく、作詞作曲者であるオリジナルの森繁久彌《もりしげひさや》を聞けば、その詠嘆ぶりがよく理解できるだろう。

題目はおおむね「は」という助詞によって示されるけれども、「は」が来たからといって、題目になるとはかぎらない。もとはおなじひとつの「は」だとしても、その職能を一種類に

限定するには、はたらき方があまりにも多様化しているのである。

国文学者であり詩人でもある藤井貞和は、長年古文を読み込んできた経験から、「は」という助詞の職能のうち、提題のはたらきをするのはその三、四割程度ではないかと推測している。

藤井によれば、「は」にはそれ自体で題目を取り立てるような特権的な力はなく、ただ文中のどこにでも入り込み（「が」の前と後を除いて）、それよりあとの部分に「差異化」の力をはたらかせるのが本領であった。この差異化の力が、ときに一方を取り立て、一方を排除したように感じられるというのだ（『日本文法体系』、二〇一六年）。

「は」という助詞自体に題目を提示するはたらきがあるのではなく、「は」の「差異化」の力によって、題目も提起されるのである。

ここまで、話し手と聞き手に共有された事がらが題目になると説明してきた。しかしときに未共有の題材も題目になる。堀川智也はつぎのような例文を挙げている。


「タイ料理、何か食べたことある？」

「トムヤンクン**は**食べたことがあります」

このトムヤンクンを質問者が知らない可能性がある。それでも、ふたりの「共同注意」（本多啓の術語）が向けられていれば、ふたりが知っていたという「擬制《ぎせい》」（フィクション）のもとに会話を進行させることができる、と堀川は説明する。

堀川は、「主題とは『共同注意』が向けられる対象である」と規定した。ここでの主題は松下や三上の題目とおなじ意味である（『日本語の「主題」』、二〇一二年）。

この規定によれば、題目とは、話し手と聞き手に共有された話題、あるいはそのように見なされた話題を意味していた。

「ボクハウナギダ」

「ボクハウナギダ」という、日本語学のなかでは「象は鼻が長い」（三上章の書名）に匹敵する有名なセンテンスがある。生成文法系の日本語学者である奥津敬一郎の『「ボクハウナギダ」の文法』（一九七八年）というタイトルによって、すっかり人口に膾炙《かいしゃ》した。「姉さんは男の子です」と同様、「ボクハウナギダ」もひとを喰った例文である。鰻屋の生簀《いけす》のなかから、「ボク」が店主や客のやりとりを実況中継するブラックな小説の冒頭かと勘違いしそうだが、もちろんそれでは文法書のタイトルにならない。

この「ボクハウナギダ」は、「ぼくは（なにを注文したかといえば）ウナギだ」といった意味である。具体的な文脈のなかに置いてみれば、ごくふつうの日本語だ。

このように「AはBだ（である、です）」のかたちをした多義的な名詞文を、日本語学では「ウナギ文」と呼ぶ（「なにを注文したかといえば」のところには、「なにを飼っているかといえば」、「試合の前になにを食べるかといえば」など、さまざまな意味が可能だ）。

「姉さんは男の子です」も、「姉さんは（どんな子どもがいるかといえば）男の子です」という意味をもつ立派なウナギ文である。ウナギ文は、そこらへんにいくらでも転がっているふつうの構文であった。

このウナギ文の「だ」は、「注文した」、「飼っている」など、さまざまな述語を代用したものというのが、『「ボクハウナギダ」の文法』の主旨である。実際に著者はふつうの述語文がウナギ文に変形されるまでの過程をシミュレイトしているのだが、たしかに論理的な整合性は見られる。

ただし一個人の意識のなかで、あるいは日本語の歴史のなかで、そのような変遷の跡をたどったのかといえば、おそらくそうではない。

ちゃんとした構文が先にあって、それが変形されてウナギ文になったという発想の基盤には、人類普遍の論理が先にあって、それが変形されて諸言語ごとに異なる表現形式が出現したとする、生成文法の考え方が横たわっている。

この「ウナギ文」は、日本語は非論理的だと非難するひとびとの格好の標的であった。だからもとはちゃんとしていたと言いたくもなるのだろうが、どうしてウナギ文の方が先にあってはいけないのか。

店の仲居《なかい》さんから「お客さんは？」と注文を確認され、「ぼくはウナギだ」と答える。十分すぎる応答である。非論理的な隙など一分もない。「ぼく」と「ウナギ」を意味的につなぐ言葉を言うには及ばなかっただけだ。「ぼくはウナギを注文しました」などと答える方が、よほどマヌケである。

これでは用が足りない複雑な状況の場合にはじめて、もうすこし言葉を補って言えばよい。それだけのことだ。ここはこれで十分。「は」によって題目と説明とが連結された過不足ない「題述関係」（三上章『新訂 現代語法序説』、一九五九年）である。

「吾輩は猫である」

「吾輩は猫である」といえば、日本語のなかでは包摂文に決まっている（「吾輩」が猫の一メンバー）。しかしこの文も、ちょっと無理をすればいろいろな意味に変化する。試してみよう。

1、（名前を聞かれて）吾輩は猫である。れっきとした名前だ。

論理的に正しい日本語の構文である（同定文）。「江戸屋猫八」という物真似芸人がいるし、カンボジア国籍を取得してオリンピックに出場した「猫ひろし」という芸人もいた。

2、（性格類型が話題のなかで）吾輩は猫である。会社に忠誠を尽くす気など毛頭ない。

これは、「吾輩は（いわば）猫である」という隠喩表現である。飼い主の言いなりにならず、自由気ままな猫に自分を見立てたのである。この「猫」を猫に見立てられたものと解して、包摂文に分類することも可能だ。「吾輩は（なにに似ているかといえば）猫である」と解すれば、ウナギ文である。

3、（ペットを尋ねられて）吾輩は猫である。犬など飼わない。

これは、「吾輩は（なにを飼っているかといえば）猫である」というウナギ文である。

このようにウナギ文は日本語のなかではごくふつうの構文であるが、外国語の場合はどうなのだろうか。すこし比較してみよう。

英語・中国語との比較

小説冒頭の「吾輩は猫である」は、擬人法という点を除けばごく一般的な包摂文であり、英語でもA＋be動詞＋Bという文型にそのまま置き換えられる。1と2の例文も、おなじ文型で同意味の文をつくることが可能だ。

しかし3の例文はコプラ（つなぎの言葉）を媒介にしてつくることができない。A＋be動詞＋Bを記号化するとA⊂Bとなる。これはA、Bが種・類の関係にあるということだが、3の例文は種類関係にはない別個の概念（カテゴリー）をつなぎあわせた文である。

さまざまな概念をつなぎあわせてひとつの文をつくるという点では、「は」はコプラとおなじはたらきをする。

しかしコプラに媒介された英語のセンテンスが包摂文ないしはそれと同機能（属性を示すなど）の文をつくるのに対して、日本語の題目＋説明という文の場合には、守備範囲がかなり広く、ウナギ文もその堂々たるメンバーであった。

題目をまず提示してつぎに説明の叙述を加えるという構文は、いかにも日本語に特徴的に見えるが、朝鮮語やトルコ語など他の膠着語《こうちゃく》（語や語幹に結合した文法的な要素によって文の構造がつくられる言語）はもとより、典型的な孤立語（語の配列の順序によって文の構造がつくられる言語）とされる中国語においても、きわめて一般的である（用例は李凌燕『携帯版中国語会話とっさのひとこと辞典』、二〇〇〇年）。

天安門停嗎？（天安門に停まりますか）

這個不能吃。（これは食べられません）

您這児是什麼風味児的菜？（こちらではどんなお料理を出すんですか）

請問**９２６航班**在哪児取行李？（９２６便の荷物はどこで受け取るのですか）

太字で示したこれらの題目をすべて主語と説明する教科書も多く、学校日本語文法との類似を感じさせる。

2 ❖ 「は」が係助詞であるわけ

眼前描写のなかの「が」と「は」

題目を「は」で表示し、それについての説明を加えるという題述関係の文は、語り手が聞き手に語りかけるためのひとつの装置であった。

言葉は語り手から聞き手に語りかけられるものだが、語られる世界それ自体を構築することもまた、言葉の大きなはたらきである。ためしに眼前にある事物を描写する文例を眺めてみよう。まずはＴＶの実況中継から。

> 中央線の電車**が**運休になってすでに二時間**が**経ちました。運転再開**が**いつになるのか、見通し**は**まだ立っておりません。電車を待つひとの表情に**は**苛立ち**が**見られます。風**は**いっこうに弱くなりません。私のいる改札口のあたりにまでときおり強い風**が**吹き込みます。
>
> 新宿駅南口から伊藤**が**お伝えしました。

放送記者は視聴者のまだ知らない情報をレポートするのが仕事であり、つぎつぎに事実を並べ立てる。中央線の電車が運休していること、すでに二時間が経過していること、運転再開がいつになるのか分からないこと、などである。これらは「主語」と「述語」が一体となって、それぞれの事実を伝えている。

なにがどうした、なにがどんなだ、といった事実を伝えるときには、「が」という助詞が使われる。しかし、「は」もかなり登場する。

「は」によって示された言葉は、レポーターが視聴者（聞き手）に共有されていると判断した題目である。運休になっている電車がいつ運転再開するのかといった見通しは、視聴者の知りたいテーマである。

台風の「風」はすでに視聴者に共有されたテーマだから「は」で受けるが、「強い風が吹き込む」ことはその時その場の新事実である。「主格補語」を示す「が」が使われる。

こんなありきたりのレポートのなかにも、「が」によって表示されるものと、「は」によって表示されるものとのふた通りがある。レポーターは、とくに意識もせずに、ふたつを使いわけていた。

ほとんどの箇所は、「が」か「は」のどちらか一方でないと収まりがつかない。両者の構文上の役割が異なるからである。「風はいっこうに弱くなりません」は「は」でなければならないし、「強い風が吹き込みます」では「が」でなければおかしな文章になる。

しかし「運転再開がいつになるのか」のところなど、「運転再開はいつになるのか」でもかまわない。どちらでもかまわないが、微妙に意味が変化する。

「運転再開はいつになるのか」なら、運転再開というレポーターと視聴者に共通のテーマがあり、それに対して、いつになるのかという疑問のかたちをとった説明が加えられている。「運転再開がいつになるのか」は、運転再開もふくめて、これ自体が新たな問いである。

明治時代のレポーターの口ぶりも見ておこう。苦沙弥《くしゃみ》先生の家で蕎麦《そば》を喰う迷亭《めいてい》君を「吾輩」がライヴでつぶさにレポートしたところである（新かなにあらためた）。

「奥さん蕎麦を食うにも色々流儀**が**ありますがね。初心の者に限って、むやみにツユを着けて、そうして口の内でくちゃくちゃ遣《や》っていますね。あれじゃ蕎麦の味**は**ないですよ。何でも、こう、一としゃくいに引っ掛けてね」といいつつ箸《はし》を上げると、長い奴**が**勢揃《せいぞろ》いをして一尺ばかり空中に釣るし上げられる。迷亭先生もう善《よ》かろうと思って下を見ると、まだ十二、三本の尾**が**蒸籠《せいろう》の底を離れないで簀垂《すだ》れの上に纏綿《てんめん》している。「こいつ**は**長いな、どうです奥さん、この長さ加減**は**」とまた奥さんに相の手を要求する。「この長い奴」奥さん**は**「長いもので御座いますね」とさも感心したらしい返事をする。「この長い奴ヘツユを三分《ぶ》一つけて、一口に飲んでしまうんだね。嚙《か》んじゃいけない。嚙んじゃ蕎麦の味**が**なくなる。つるつると咽喉《のど》を滑り込むところ**が**ねうちだよ」と思い切って箸を高く上げると蕎麦**は**漸《ようや》くの事で地を離れた。

この観察者も眼の前の出来事を達者に描写し、会話を的確に伝えているけれども、「は」と「が」の使いわけなど、意識するはずはない。猫とはいえ、日本語のネイティヴである。人間である迷亭君、奥さんも同様であった。

このように眼の前の出来事を描写したり、それについて他愛もないコメントをしたりするようなケースでも、「は」と「が」は微妙に使いわけられる。

「は」と「が」の使いわけは、外国人日本語学習者の大バリアであり、日本語文法論のなかでもつねに論争を呼びこんできたテーマである。本書でも、「が」という助詞の役割と比較しながら、「は」の問題を考えてみることにしよう。

「は」は格助詞ではない

第一章にも登場した山田孝雄《よしお》という戦前日本を代表する国語学者がいる。若い頃、丹波篠山《たんばささやま》の鳳鳴《ほうめい》義塾という旧制中学校で国語を教えていた。ここでひとりの生徒が重要な質問を投げかけた。これが山田をして文法研究に生涯を捧げさせた決定的なモチーフとなる。

山田はそのエピソードをデビュー作『日本文法論』(一九〇八年)に紹介し、また最後の文法書である『日本文法学要論』（一九五〇年）にもふたたび記した。ここでは前者から引用する。

今を去ること殆《ほとんど》十二三年前の事なりき。著者は其《それ》以前よりして文法専攻の志を有せり。当時はをこがましくも相応の知識ありと思へりき。当時某氏の文法書を以《もっ》て教授に従事したりき。この文法書は即《すなわち》「は」を主語を示すものとせるなり。一日この条に及ぶや一生《いっせい》反問して「は」の主語以外のものを示すことを以てす。余は懺悔《ざんげ》す。当時の狼狽《ろうばい》赤面如何《いか》計《ばか》りぞや。沈思熟考して、徐《おもむろ》に其《そ》の言《げん》の理あるをさとり、自ら其の生徒に陳謝したる事ありき。実にこれ著者が日本文法を以て自家の生命とまでに思惟するに至りし最大動機にして我が文法の如何に破綻多きものなるか、文法を教ふと称するものよりも教《おしえ》を受くるものが遥《はるか》に正当なる見解を有せる如き状態なるをいかで黙視しうべき。

何度読んでも感動的である。教師とはかくあるべきものか。山田はこの中学に明治二十九（一八九六）年に二十一歳で赴任し、足かけ三年在職しただけだから、まったくの新米教師であった。

『日本文法学要論』によると、生徒もまだ中学二年生であった。この少年は、自分たちが使っている「は」という助詞がかならずしも主格を示していないといって、実例をいろいろ挙げて質問した。

その実例は記されていないけれども、「肉は食べない」、「東京は行ったことがない」のような主格にあたらない例、「ぼくは山田先生だ（ぼくは山田先生に習っている）」のようなウナギ文などを挙げたのだろうか。後生畏《こうせいおそ》るべし、しかし生徒のその後は、杳《よう》として知れない。

教科書は、学校が指定した関根正直の『普通国語学』（一八九五年）という本であった。関根自身は国文学者だが、その教科書は西洋文法をかなりそのまま日本語に当てはめたものであり、主格を示す助詞として、「の」、「が」、「は」の三つを挙げていた。

この教科書の二年後に、大槻《おおつき》文彦の学説史上画期的な『広《こう》日本文典』が刊行される。大槻はこれに先立って、日本初の本格的な国語辞典である『言海《げんかい》』を独力で編纂し刊行していた。この『言海』に付載された「語法指南」と題する文法論を発展させて、一冊としたのが『広日本文典』である。例証と説明を載せた『広日本文典別記』も同時に上梓《じょうし》した。

大槻は、『言海』を独力で完成させたほど日本語研究に打ち込んだ人物である。『広日本文典』、『別記』もヨコの方法をタテに当てはめただけのものではなく、日本語の実例を精査した末に完成させた書物であった。

『広日本文典』は「文字篇」、「単語篇」、「文章篇」の三部構成であるが、「単語篇」では単語を「八品詞」に分類した。すなわち、「名詞」、「動詞」、「形容詞」、「助動詞」、「副詞」、「接続詞」、「弖爾乎波《テニヲハ》」、「感動詞」である。

「弖爾乎波」だけは西欧語に相当するものがないためか、伝統的な名称を踏襲《とうしゅう》した。西洋語の前置詞に対応する「後置詞」（こういう術語がすでにあった。現在の格助詞に相当する）は、当然「弖爾乎波」にふくめた。苦心の分類である。

その『広日本文典』でさえ、英語のSubjectとPredicateを「主語」および「説明語」と翻訳し、日本語の構文にそのまま当てはめていた。山田は従来の文法書にくらべて『広日本文典』を高く評価したけれども、これでは先の中学生の質問にも答えられない。

山田の格闘は始まった。同時代の諸家の文法書を見限った山田は、西洋の論理学や心理学を独学する一方、本居宣長《もとおりのりなが》や富士谷成章《ふじたになりあきら》など江戸期の先学の仕事を追究した。

苦闘のすえ発見したのは、日本語における「係り《かか》」という決定的な事実であった。

「係助詞」の再発見

「は」という助詞によって示された名詞（名詞句）は、どこにつながっていくのか。山田はそこに眼を着けた。「は」そして「も」、「ぞ」、「なむ」、「こそ」、「や」、「か」という「てにをは」は、従来「係り詞《かかりことば》」と称せられてきた。この「係り」ということに大事な鍵があるのではないか。

本居宣長は、「てにをは」は漢文の助字のようなものだという説を批判し、「てにをは」は「本と末」とを相照らすところに本質があると述べた。この照応関係を宣長は「かゝり」と呼んだ（『詞《ことば》の玉緒《たまのお》』、一七八五年）。

宣長が「係り」という日本語の構文上の特徴に着眼したことに、山田は画期的な意味を見出した。

従来「係り結び」とは、係りの言葉に対して文末が連体形や已然形という特別の結び方をすることを指し、とくに作歌上の技法として重視されていた。古文の授業で習ったつぎのような例である。

秋来ぬと目にはさやかに見えねども風の音に**ぞ**おどろかれ**ぬる**（連体形）
まことに蓬萊《ほうらい》の木かと**こそ**思ひ**つれ**（已然形）

あるいは私たちの世代は卒業式に歌った「仰げば尊し」の三番。「朝夕馴れにし 学びの窓 蛍のともしび 積む白雪　忘るる間**ぞなき** ゆく年月　今**こそ**別れ**め** いざさらば」。

しかし宣長は「ぞ・なむ・や・か」、「こそ」だけでなく、「は」と「も」も「本と末」の照応にかかわると考えた。そればかりか、宣長は「徒《ただ》」という項目を「は」、「も」に並べて挙げた。

「徒《ただ》」とは、係りの助辞がないこと、たとえば「わがゆゑに妹なげくらし風早の浦のおきべに霧たなびけり」（万葉集）のような例を指している。そういう場合にも、「は」や「も」と同様、終止形で結ぶということであった。ここから山田は大きなヒントを得た。

係結《かかりむすび》といふ事は必《かならず》しも相対せる語にあらず、即徒《すなわちただ》の結といへるものは係なき場合のものなり。この故に結とは係に対する語にあらずして句の結成をいへるものなり。さてその結が上にある係助詞と関係ある時にはじめて係結といふ関係を生ずといふべし。

（『日本文法論』）

山田は文末にまで係る助詞を「係助詞」と命名し、「が」や「を」などの「格助詞」とはっきり区別した（現代語では、係助詞には「は」のほかに、「も」、「こそ」、「さえ」、「でも」、「しか」、「だって」などがある）。

三上章も宣長や山田に学び、後年おなじことを確認している。

係り結びでも、係り受けでもいいですが、係りは相手（係り先、受け、結び）がなくては収まりがつきませんが、相手に見立てられた方は、係りがなくても一本立ちできる、というのが日本語の大法則です。本居宣長の「は、も、徒《ただ》の係り」のただ（ゼロ）は、係りがなくても、用言は勝手に終止形で結ぶということでしょう。

（『文法教育の革新』、一九六三年）

文を完結させるものはなにか？

係助詞が文末に照応するということは、係助詞が文の「陳述」にかかわることだと、山田は考えた。

山田の「陳述」とは、ひとかたまりの気持ちや思念をひとつの文として言い切ることを意味する。山田は文にまとめあげられた言説内容を「思想」と呼び、「思想」にまでまとめあげる意識の運動を「統覚作用」と名づけた。

それでは「陳述」、すなわちひとつの文を完結させるものはなんだろうか。

ふつう私たちは、話し手がひとまとまりのことを言って、ちょっと息をつげば、そこを一文の終わりと認識する。書き言葉では、句点すなわち「。」が付けば文の終止と考える。どちらの場合も迷うことはない。

言い切ってないのに間が空けば、言い淀んでいるなと思うし、文の終わりのはずなのに句点がなければ、誤植だと判断する（現代文であれば）。

しかし、息をつがせたり、句点を打たせたりしているものはなにかと考えると、答えはさほど容易ではない。実用的にはほとんど問題のないところに、学問はときに問題を見つけだす。論理的な思考の持ち主である山田もまた、そのようなひとりであった。

山田は西洋の学問を独学でかなり深く学んでいた。山田の「統覚作用」の淵源がヴントにあるのかカントにあるのかといった学説史的な詮索はともかく、「陳述」という概念に西洋文法の考え方がはっきり影を落としているのはまちがいない。山田は以下のように推論した。西洋語の構文においては、Verb（述語動詞）は不可欠の要素であり、Verb なくして文は成り立たない。すなわち Verb だけが文を終結させる力をもっている（一語文などに例外はあるけれども）。

日本語では、形容詞（形容動詞をふくむ）も単独で文を成立させる力をもつ。だから西洋語の Verb に相当するのは、日本語では、動詞と形容詞からなる「用言」にほかならない。こう考えた山田は、用言のなかに、物事の「属性」を表現する性質と、文を完結させる力、つまり「陳述」の力とを見て取った。用言が Verb に対応するものであれば、用言に「陳述」の力が託されているのは理の当然であった（第五章で説明するが、山田文法では、「である」、「だ」、「です」も、説明存在詞という用言に分類される。だから動詞文、形容詞文だけでなく、名詞文にも用言が存在することになる）。

「最後の国学者」とも言われた山田であったが、「思想」をまとめあげる意識の運動である「統覚作用」という概念のなかに西洋哲学が導入され、「陳述」という文法のキーワードのなかには西洋文法が埋め込まれていた。

日本語には、西洋語の主語＋述語のような文構成に不可欠の文法要素は存在しない。ただし係助詞「は」は、「一定の陳述を要求する」という点で、一文を構成するための大きな枠組みをつくりだしていた。

山田における係助詞の再発見と「陳述」に関する推論とのあいだには、このような密接な関係があったと見てよいだろう。

3 ❖ 「は」はどこまで係るのか？

「は」は文末を目指す

山田孝雄によって係助詞「は」が再発見された。「は」は文末と呼応して、一文をまとめあげる役割を担う。基本的に用言と体言との関係を規定する格助詞とは、役割の異なる助詞であった。

山田は『日本文法学概論』（一九三六年）のなかで、つぎのような例を挙げている（新かなにあらためた）。

（一）鳥が飛ぶ。
（二）鳥は飛ぶ。

このふたつの文を見ただけでは、どちらの「鳥」も主格であり、一文の主語であると言うことができるかもしれない。しかしつぎのようになったらどうだろうか。

（三）鳥が飛ぶ時。
（四）鳥は飛ぶ時。

「が」の勢力は「飛ぶ」でとどまっており、このあとに、「鳥が飛ぶ時には空気が動く」と言おうが、「鳥が飛ぶ時にはその姿勢を見たまえ」と言おうが、「鳥が」と「飛ぶ」との結合はかわらない。

「飛ぶ」という動詞だけではなにが飛ぶのか分からないから、「鳥が」という補語（主格補語）が加えられたのである。「鳥が」は「飛ぶ」に結びついただけで役割を終え、「空気が動く」と構文上の関係はない。

一方、「は」の勢力は「飛ぶ」だけでは収まりがつかず、「飛ぶ時」にどうするかとか、どうなるかといった問いを発している。

（五）鳥は飛ぶ時に羽根をこんな風にする。

と言えば、「鳥は」は「飛ぶ」を跳び越えて、「羽根をこんな風にする」という説明にまで係っている。

「は」という助詞は主格を示しているように見えるけれども、その本質は「一定の陳述を要求する」というところにあった。宣長が「係り」といったのはこの意味であり、「結び」といったのは「それに対する一定の陳述」を指していた。

これが山田の提起した係助詞の役割であり、格助詞とはレヴェルの異なる役割であった。三上章はさらに、「は」が一文を越えて、後続のいくつもの文にまで係っていくことに着目した（『象は鼻が長い』）。

「は」は文末を越える

三上によれば、「は」は題目を提起し、述部と呼応して、一文を完結させる。この「題述の呼応」が「は」の「本務」である（「兼務」については後述）。

しかしそれにとどまらない。「は」は一文を完結させるだけでなく、さらに文末を越えて勢力を伸ばすことができた。これが三上の指摘する「ピリオド越え」という現象である。「は」によって提示された題目は、ひとつの言い切りを跳び越えて、つぎの題目が提示されるまで効力を持続する。三上は川端康成の『千羽鶴』から例示する（新かなにあらためた）。

鎌倉円覚寺の境内にはいってからも、菊治は茶会へ行こうか行くまいかと迷っていた。時間にはおくれていた。

あざは左の乳房に半分かかって、水落《みずおち》の方にひろがっていた。掌《てのひら》ほどの大きさである。

父は茶の間へははいらなかった。隣りの間に坐った。

「時間におくれていた」のが「菊治」であり、「隣りの間に坐った」のが「父」であることに迷う読者はない。

われわれはだれでも、それと意識することなく自然に、「ピリオド越え」した文章を読み、かつ書いている。だが三上の指摘は、係助詞「は」の特筆すべき役割を照らし出していた。「は」という係助詞は、題目を提示することによって、それに対する説明を要請する。ひとつの叙述でその要請に答えられないときには、その文の言い切り（文章ならば句点）を越えて、さらにいくつもの叙述を連ねて答えた。このはたらきは、句レヴェルではたらきを閉じる格助詞とはレヴェル上のちがいをはっきりと示していた。これが三上の要点である。

惜しむらくは、西洋文法の枠組から離れて日本語独自の構造を探求した三上が、「ピリオド越え」と命名したことだ。「文末越え」と言ってほしかった。

「は」は隠れた格関係をも変更する

しかし、「男が部屋に入ってきた。腰からピストルを抜いた。金を出せと言った。小柄な女がそのときうしろから跳びかかり、男を組み伏せた」といった文章の場合にも、「小柄な女」という新たな主格が登場するまで、「男が」という主格補語が文末越えしていた、と強弁できないことはない。

だが係助詞「は」は、格助詞「が」にはできない芸当をやってのける。たとえばつぎのように、文末越えした「は」が自然に（隠れた）格関係を変更する例は珍しくない。

鱧《はも》は夏の魚だ。（鱧は）梅肉で食べる。（主格→対格）
かれは試験を欠席した。（かれには）単位を出さない。（主格→与格）
かれは私の詩を侮辱《ぶじょく》した。（かれとは）もう口をきかない。（主格→共格）

つぎは文芸作品から。

彼は前にも書いたように、僕の高校時代の知り合いである。友人の友人といったあたり。何度かは口もきいたことがある。
（村上春樹「中国行きのスロウ・ボート」）

この文章でも「彼は」はふたつの句点を越えて、計三つの文の述部に係っている。一番目の「彼」と二番目の隠れた「彼」はともに主格の位置にある。しかし三番目の文に「彼」を登場させるとどうなるか。

彼は前にも書いたように、僕の高校時代の知り合いである。友人の友人といったあたり。彼とは何度かは口もきいたことがある。

一気にうるさい文章になるがそれはともかく、この「彼」は主格ではなく「共格」だ。三上なら、ピリオド越えした「彼は」が、「彼と」を「兼務」していると説明するかもしれない（「兼務」については後述）。しかしここは、係関係の融通無碍《ゆうずうむげ》さととらえておいた方がよいだろう。

「次の停車駅は石神井公園にとまります」

ここまで、助詞「は」に媒介された題目と述部とのつながり方について見てきた。両者は、意味が通りさえすれば、どのようなつながり方でもかまわなかった。

この題述関係の構文は、主語＋述語型の言語とちがって、述部が題目から厳格な文法上の制約を受けない分、ねじれた文章を生みやすい。

つぎの例文は、大野晋《すすむ》がベストセラー『日本語の文法を考える』（一九七八年）のなかに挙げたものである。

江戸は神田の生まれだってねえ。
次の停車駅は石神井《しゃくじい》公園にとまります。

前者は森の石松の有名なセリフだから、ヘンだと思うひとはすくないとしても、後者は多くのひとが「非文」（文法上成立しない文）だと考える。私も最初はそう思った。先日ある講演会で聴衆の皆さんに尋ねてみたところ、やはりそこでも全員が非文だと答えた。「江戸」や「停車駅」を主格ととるとたしかにおかしな文章だが、以下のように解すればきちんと通用すると、大野は説明している。

江戸は〔ドコカトイウト〕神田の生まれだってねえ。
次の停車駅は〔ドコカトイウト〕石神井公園にとまります。

後者は、著者が西武池袋線の車内放送で実際に聞いたものであろう。私も車窓から見た実例をひとつ。

この電車の停車駅は、熊川、東秋留、秋川、武蔵引田、武蔵増戸駅に停まります。

ＪＲ拝島《はいじま》駅五日市《いつかいち》線ホームに停車中の武蔵五日市行き電車側面電光掲示板の文章である（二〇一四年夏）。オフィシャルに入力された文字情報であった。

主題提示か対比か

堀川智也も、「ある意味で、『ＰハＱ』は融通無碍である。要するにＰとＱが結合することが何らかのまっとうな意味をもった言語表現として成り立てば、それでハの役割は果たせたことになる。それこそが、ハの係助詞としての性格が現代語にかろうじて生き残る証だといってよい」と述べている（『日本語の「主題」』）。

ここで堀川が述べたのは、「は」という係助詞の役割についてであり、Ｐが題目だということではない。堀川によれば、「ハ＝提題の助詞」という通説は、品詞論と構文論を混同したものであり、「ハの個性を問う助詞論」と、「主題とは何かを問う主題論」とは分けて考えられねばならなかった。これは前に引用した藤井貞和の指摘とも呼応する説である。

前述したように、主題とは話し手と聞き手双方の「共同注意」が向けられる対象であり、それは「擬制」（知っているふり）であってもかまわなかった。

「雪は白い」の「雪」、「田中君はきのう中国から帰国した」の「田中君」、「この絵は五歳の娘が描いた」の「この絵」のように、述部でその「在り方」が説明されるものが典型的な主題であり、堀川はこれを「狭義主題」と呼んだ。

一方、「たいこは左手だけでたたいた」の「たいこ」のような「処置課題」や、「昼食を、太郎はおにぎり一個で済ませた」の「昼食を」のように「は」の付かないものも、堀川は主題に数える。これら「〇〇に話題を限定して言えば」といったものは「広義主題」と呼ばれた。

「は」という助詞は、一般に「提題」と「対比」というふたつの職能に大別され、それぞれの場面における「は」の用法は、そのいずれかにかぎられるとされてきた。堀川によれば、これも助詞論と主題論を混同した結果であった。

たとえば、「小野先生は東京に行った」の「は」は、ふつう主題を提示する「は」と考えられる。だがそのあとに、つぎのような文がつづけば、どうなるだろう。「小野先生は東京に行った。黒田先生は北海道に行った」。おなじかたちの文であるのに、前の文もたちまち対比の色を帯びる。

「は」という助詞の個性が、ある具体的な発話の場面では「主題提示」となり、別の場面では「対比」となる。あるいは両方の効果が発揮される。これが堀川の説くところであった。前者はシンタックス（統辞）が前面にあらわれたときであり、後者はパラダイム（範列）の面が強く出たときであるが、いずれも「は」という助詞の両側面であり、職能として二分されるような性格のものではなかった。

つまり助詞「は」のなかに多様なはたらきが詰め込まれているのではなく、「は」という助詞が個々の現場で発話されたときに、文脈に応じてそれぞれのはたらきが発揮されるのである。「提題」という職能もそのひとつであり、堀川や藤井が言うように、「ＰハＱ」のＰが題目というほどのものでないことも多かった。

顕題・陰題・略題・無題

三上章は、題目を追究するなかから、隠された題目を探りあてた。そして「は」や「も」という係助詞がなくても意味の上から題目提示になるケースを「陰題」と呼んだ（『現代語法序説』、一九五三年）。

英語ならすべて Henry has arrived. となるところを、日本語ではつぎのように使いわける。三上は問答のかたちで示している。

ヘンリーはどうした？
ヘンリーは到着しました　（顕題）

誰が到着した？

ヘンリーが到着したんです　（陰題）

何かニュースはないか？

ヘンリーが到着しました　（無題）

三上はここで、問いと答えのあいだに共通する成分が主題だと説明する。したがって最初の例では「ヘンリー」が主題であり、これが「顕題」である。

つぎの例では「到着」が問いと答えに共通する主題であるから、語順を変えて「到着したのはヘンリーです」という顕題の文に変換することができる。これが「陰題」である。

最後の文例のように、問答のなかに共通成分がない場合が「無題」であった。無題には主題がないから、ひっくり返すことができない。全文が主題のない解説のかたちであった。

のちに三上は、「は」が「ピリオド越え」したケースを「略題」と呼んだ。

三上の題目論は、係助詞「は」を中心に構文論のなかで展開されたけれども、このような情報論的な視点をも導入して、ふくらみをもたせた。

しかし構文論と情報論とはまったくレヴェルの異なる議論であるから、三上がこういう観点を付け加えたことに対して、両者を截然《せつぜん》と区別する堀川智也が批判したのは、当然のことであった（『日本語の「主題」』）。ただし両者を区別して使う分には、有効なタームなのではないだろうか。

「は」の裏に隠された「が」、「を」、「に」

主格補語をふくめて、用言のもつ意味に補語がさまざまな情報を付加することで、「事実」の描写は精密さを加える。しかし文法上はあくまで用言を補う存在であった。

係助詞が文の途中のさまざまな成分を跳び越えて、文末にまで勢力を及ぼしたのに対して、格助詞は直近の用言（ときに体言）と緊密に結びつくだけで、結びつきはそれにかぎられた。

三上章は、補語と用言との関係は、厳密には補語と用言の「語幹」との関係であることを発見し、両者の結びつきをさらに限定した（『象は鼻が長い』）。

係助詞に関しては、三上も宣長や山田孝雄の係り結びに関する考察を引き継ぎ、係助詞「は」に示された「何々は」をすべて「提示語」と名づけ、「何々してはいけない」の「何々しては」も、「提示語」に入れたぐらいである（『現代語法序説』）。

その一方、山田が係助詞と格助詞のはたらき方をはっきり区別したのに対して、三上は両者の重なりあいに着目した。係助詞は格助詞を「兼務」するというのだ（『象は鼻が長い』の初版では、係助詞が格助詞を「代行」することを、係助詞の「兼務」とした。しかしそんなまわりくどい言い方はすぐに改め、「兼務」一本に絞った)。
たとえばつぎのような係助詞「は」の使い方を見ていただきたい(a、b、cは三上の例文、それ以外は私の作文)。

a　酒は、尽きぬ。
b　酒は飲むべからず。
c　わたし(に)は、恥ずかしい思い出がある。
d　未成年(に)は酒を出さない。
e　飲み屋(に)は行くが、酒は飲まない。
f　二階(で)は忘年会がたけなわだ。
g　店では怪気炎だったのに、奥さんの前では小さくなった。
h　学生とは三州屋でしか飲まない。
i　酒は日本酒しか飲まない。
j　昨日は酩酊した。
k　新潟は酒がうまい。

題目と述部との格関係が、主格と対格の場合には格助詞「が」、「を」は表示されず（「酒は、尽きぬ」、「酒は飲むべからず」）、「に」のときには表示されたりされなかったりする（「わたし（に）は、恥ずかしい思い出がある」）。

三上はこの点に注目し、係助詞「は」は格助詞「が・の・に・を」を「兼務」すると指摘した。それ以外の格助詞には「は」を付け加えることで題目化するが（「学生とは三州屋でしか飲まない」）、この格助詞が省略可能なケースも少なくない（「二階（で）は忘年会がたけなわだ」）。

三上は「象は鼻が長い」の「は」も「の」の「兼務」だとしたが、話し手の意識をまったく無視した説明ではないだろうか。この論法に立てば、「新潟は酒がうまい」の「は」も、「の」の兼務とこじつけられる。

そもそも「酒は日本酒しか飲まない」、「昨日は酩酊した」など、「兼務」していない例をいくらでも挙げることができる。「僕はウナギだ」など、いうまでもない。

「学生とは三州屋でしか飲まない」のように、格助詞に係助詞が重ねられた例を見ると、格助詞がない場合にも、係助詞の裏に格助詞の存在を想定したくなる。

だが「学生とは三州屋でしか飲まない」の場合、格助詞「と」を入れなければ、「学生は三州屋でしか飲まない」になり、飲むのは語り手ではなく、学生になる。

「は」の裏に隠された格関係は、主格や対格であることが多く、述語との結びつきのつよいこれらの格の場合には、わざわざ格表示する必要がなかった。その他の場合には、格表示しなければ主格や対格と受け止められてしまうので、あえて表示せざるを得なかっただけである。

三上も『象は鼻が長い』のなかでは「兼務」にこだわったけれども、他の著作ではほとんど言及しなかった。『象は鼻が長い』の直前に執筆した『構文の研究』(一九五九年に執筆した学位論文、没後の二〇〇二年に刊行された)では、「Xwaは、〃Xニツイテ言エバ〃の心持であるから、話手はそう切出した瞬間には特定の格助詞を予想しているとは限らず、また特定の格助詞へ落ちつかせる責任を持つものでもない」と述べていた。

また『象は鼻が長い』から三年後の『日本語の論理』(一九六三年)では、「浜松市は、たびたびの空襲と艦砲射撃で、市街地の八五%が灰になったのであった」という例文を引いて、つぎのようにコメントした。

この「浜松市は」が「浜松市の」を兼務しているというのは、じつは結果からの付会である。この文の終わりを「八五%を焼き払われたのであった」と変えたとしよう。すると、今度は「浜松市が」兼務と解釈しなければならなくなる。ところで、話し手や書き手は「浜松市は」の瞬間にそういう区別を立てているとは限らない。むしろ、そういう狭い見通しなしに使えるのがＸハの身上というものである。Ｘハを、格のカテゴリイで一意的に律し切れるという保証はないのである。

まさしくこれが「は」の「身上」である。「保証はない」どころか、係助詞を再発見した山田孝雄が明言したように、係関係は格関係とは別レヴェルの関係なのである。

【この章のまとめ】

題目提示の指標となる「は」は、「が」、「を」、「に」などの格助詞とはまったく役割の異なる係助詞であり、あとにつづく述部の全体に勢力を及ぼし、さらには文を完結させるところに主要な役割があった（前述したように、すべての「は」が係助詞としてはたらくのではない）。

意味の面から見れば、係りの助詞としての「は」の本領は、話し手と聞き手の双方に共有された話題を提示し、それに対する新たな説明を要請するところにあった。

第一章との関連でいえば、話し手・聞き手双方に共有され、「そ」の領域に位置を占めた話題だけが、「は」で受け止められる資格を得た。その話題が実際に共有されていなくても、フィクションとして相互了解されれば、それでも通用した。

この話題（題目）と述部との関係を三上章は題述関係と呼んだが、その後この関係にある文は題述文と呼ばれている。意味の観点から見た場合の呼び方である。

日本語には、「は」で示された話題からはじまる題述文が多い。このことは、日本語がつねに聞き手による了解を確認しながら、話を進めていく言語だということを物語っている。話題と述部との関係は、述部が話題についてのなんらかの説明になってさえいれば、かなりルースなつながりであっても、文法的には許容された。非文すれすれの文がオフィシャルな表示のなかにも出現した。

それどころか、物書きの原稿にも題述関係のねじれた文章が混じることがあり、いちいち赤字を入れるのも編集者の実務のひとつである（そこをすり抜けて、活字になったケースもすくなくない。じつは本章に引用した、山田孝雄と中学生とのやりとりを記した文章にもねじれがある。お気づきになっただろうか）。

しかし日本語がこの題述文を好むからといって、日本語が論理的でないと結論づけるのは早計であり、主語＋述語型の構文だけを物差しにした言い方にすぎない。題述文は、ねじれに気をつけさえすれば、論理を確保しながら、のびのびと言葉を展開できる、自由な枠組みなのである。

題述文は話し手と聞き手のあいだに成立する語りを構成する文型であった。一方で、言葉によって世界を組み立てあげるために、日本語には立派なツールが配備されている。

つぎの章では、世界を構築するために、言葉と言葉を結びつけるツールである「てにをは」、とくに格助詞のはたらきについて見ていきたい。

第三章

「が」は組み立てのツール——世界を構成する構文

1 ❖ 係構文と格構文

有題文と無題文

前の章で見てきたように、日本語の構文は、（題目に注目していえば）題述文と無題文とに二分することができる。

題述文（有題文）は、「は」などの係助詞に媒介された題目と述部とからなり、両者は文法的には係りと結びの関係、意味的には題目（主題）と説明の関係にあった。題目の問いかけに答えて、述部はそれについて言いたいことを述べる、という構造である。

無題文には題目がなく、用言と補語（主格補語を中心とする。ただしその主格補語も不可欠な要素ではない）とからなり、両者は格助詞によってつなぎあわされる。話し手が自分の内外の出来事や思いを、ひとつの事態として構成する構文である。

この係りと格という形式にスポットライトを当てれば、題述文は係構文と呼ぶことができ、無題文は格構文ということができるだろう。係構文の述部は、おおむね格構文で構成されるから（「ぼくは——ウナギを食べた」）、両者は対称的な関係ではない。係構文は、多くの場合、格構文を包み込むかたちで形成されるといってもいい。

無題文というと、いかにもなにかが欠けているといった感じだが、言葉によって世界を構築した文章の基本は無題文である。

「国境の長いトンネルを抜けると雪国であった。夜の底が白くなった。信号所に汽車が止まった」。すべて無題文である。

サイデンステッカーによる英訳では、最初の文の主語は汽車になっているが、原文の読者は、汽車に乗っている語り手自身、あるいは視点人物を想定するのではないだろうか。もちろん、乗っているのが汽車であることは三つ目の文まで読まなければ分からないし、視点人物であることが判明するのは、主人公の「島村」が語り手によって紹介されてからである。つまり「抜ける」という用言のなかには、そのような可能性が隠されていたことになる。

この名作の冒頭がそうであるように、事態を構成するのはもっぱら格構文の役割であり、格助詞をツールにしてどんどん言葉を組み立てていくことで、世界を表現する。

事物と言語はちがう原理に属する

しかし、私たちの見たもの、思い描いたものであっても、それをそのまま言葉に置き換えることはできない。

たとえば落葉樹が色づきはじめた雑木林の遠く向こうに、北アルプスの山並みが聳《そび》え立つ風景。写実的な絵画の場合には、それをそのまま平面に写し取ることが可能だが、言葉はただ単語をひとつひとつ線状に並べて発語していくことでしか、表現の手立てはない。

また眼の前に、太陽に顔を向けた鮮やかな黄色いヒマワリが咲いていたとしよう。おもわず、「ヒマワリが咲いた」と口にするかもしれない。作文の場合には、「黄色いヒマワリの花が咲いていた」とか、「ヒマワリの黄色い花が咲いていた」とか、「黄色い花のヒマワリが咲いていた」（黄色でないヒマワリが意識されている）などと書くことだろう。

いずれにしても順番に並べていかなければならないし、読み手もその順番通りに読むしかない。ところが、「ひまわり」を描いたゴッホは、最初に黄色を描き、つぎに花を描き、それからヒマワリを描いたなどということはあり得ない。鑑賞するひとも、まず一瞬のうちに全体を把握する。その後細部に目を奔《はし》らせるにしても、視線を線上に移動させることはないだろう。

当たり前すぎることを書いたが、文を組み立てるということは、パーツをただひとつずつ前後に並べていく作業以外のなにものでもない、ということを確認したかったのである。

立体的な物事を分析的に理解しつつ、さまざまな言語記号として線上に並べていくことで、言いたいことを聞き手に向けて表現するという作業、またその線上に並べられた記号列を解読し、話し手の言いたいことを立体的に把握するという作業、これが言語行為と呼ばれるものである。

また目に映るものを曲がりなりにも言葉に写し取ることが可能だったとしても、その逆はまったく無理だ。「象は鼻が長い」、「宿題はもう終わった」のような題述文を絵に表現することはできない。

鼻の長い象を描くことはできる、その鼻を誇張して描くこともできる。終わった宿題の横でゲームに熱中している子どもを描くことはできる。しかしそれらのイラストは、説明の材料にはなっても、話し手が言葉に託した意味を表現したとは言えない。

発話は言語主体の世界に対する意味づけの表現である。美術ももちろん主体の表現であるけれども、意味づけの方法がまったく異なるので、それぞれの意味づけのあいだに互換性はない。

言葉はその他の表現手段よりは汎用性が高いから、美術にも音楽にもダンスに対しても、分析や解説や批評が成り立つが、それはあくまで言葉による表現であって、美術や音楽やダンスそれ自体とは、まったく別の世界の営みである。

対話にある「題目」、客体にある「主格」

格構文によって組み立てられた世界像は、客観世界の写像（写し絵）ではない。象徴記号である言葉は、事象であれ心象であれ、そのままを写し取ることができない。語り手が言葉で構成しなおす以外に方法はないのである。

格構文は語り手によって構成されるので、構成の仕方には語り手の世界の見方がかかわっている。客観的な描写に見える文章にも、語り手のものの見方が反映されている。だからその見方が聞き手や読者に納得されなければ、客観的とは見なされないリスクを背負っている。

一方、係構文は話し手と聞き手に共有された題目について語る構文だから、小説のなかでも、読者とのあいだに共有された話題や人物は係構文で語られる。ただしつぎのようなケースがある。

「山椒魚は悲しんだ」。小説の冒頭である。「彼は彼の棲家《すみか》である岩屋から外に出てみようとしたのであるが、頭が出口につかえて外に出ることができなかったのである」。このように文章はつづく。

国語教科書にも載っているので、だれもいぶかしむことはないが、最初の読者は戸惑ったのではないか。この「山椒魚」についてなにも共有した覚えはなかったからである。

これは読者を一気に作品世界に引き込もうとする作者の戦術であり、小説の読者もそのような戦術にドキドキしながら作品のなかに足を踏み入れるのである。

これに対して、「が」や「を」や「に」などの格助詞は、話し手が提供する話題を組み立てるために必須のツールである。格助詞なしに話題を構築することはできない。

このように「は」と「が」の構文上の役割はまったく異なるので、どちらか一方でなければ、おかしな文になるか、意味が変わってしまうケースが多い。とはいえ、かんたんに置き換え可能なケースも少なくはない。私自身、本書の原稿を読み直したときに、何か所も「は」と「が」を入れ替えた。書いたときの気分、読み直したときの気分で、対話の方向を向いていたり、構成の方に気持ちが動いていたりするのである。

ただし、「が」に置き換えれば「コト（客体）」化、「は」にすれば「ムード（話し手の気持ち）」化というように、単純に考えることはできない。格構文のなかにも、話し手の心持ちが大きく作用しているし、論理学の命題のように感情を切り落したはずの文が、日本語では係構文で記述されることにも留意しておきたい（「コト」と「ムード」についてはつぎの章でくわしく取りあげる）。

「クジラは哺乳類である」。「哺乳類は母乳で子どもを育てる」。「したがってクジラは母乳で子どもを育てる」。

「クジラ」や「哺乳類」は、論理構築における項目であり、これらの項目は話し手と聞き手に共通する主題と見なされる。だから「は」によって示される。

これらの命題を「コト」化すると、「クジラが哺乳類であること」、「哺乳類が母乳で子どもを育てること」、「クジラが母乳で子どもを育てること」となる（厳密にいえば用言の語幹までがコト）。標本化された「コト」と、万人を説得しなければならない論理とのちがいが、助詞の使い方のなかに明白に表現されている。論理はすべてのひとに普遍的に成立しなければならず、すべてのことに妥当しなければならないのである。

「クジラは哺乳類である」のような命題にかぎらず、日本語の名詞文は、無題文で表現されることはほとんどない。「私は庭師だ」ならば顕題（三上章）であり、「私が庭師だ」と言えば陰題になる。

遠くを眺めて、「山が紅葉だ！」と言えば、事態をまるごと表現した無題文だが、このような無題文は、実例としてはきわめてすくないのではないか。格構文は動詞文で語られることが多いからである。

2 ❖ 日本語は用言一本立ち

日本語に「主語」は必要か？

日本語では、用言（それに加わるわずかの付属語）だけで意味が通じることが多い。

先生が遠足に出かける生徒に向かって、「そろそろ出発しよう」と言えば、だれがどこに出発するかは自明であり、入学祝に叔母さんから国語辞書をプレゼントされた学生が、「いただきます。とてもほしかった辞書です」と言えば、なにをいただくのか、だれがほしかったのかは明らかだ。

このような場合、無用な補語を付け加える必要はない。用言だけでは意味が通じない場合に、あるいはもうすこし情報をふやしたい、正確を期したいという場合にだけ、補語が追加される。

「タローがジローに電子辞書をプレゼントした」という文の「タローが」（主格）も、「ジローに」（与格）も、「電子辞書を」（対格）も、どれも「プレゼントした」を補足する情報であり、どの補語も、必要なければ言わなくてかまわない。

三上章はデビュー作の『現代語法序説』（一九五三年）で、日本語には「主語」という文法用語は無益であるばかりか、有害であると主張し、主語廃止論を提唱した。この持説が行きわたれば、日本中から主語という用語が消滅すると三上は期待した。しかし主語は必要だと考える文法学者の壁は厚く、三上は主語廃止論を終生主張しつづけることになった。

三上の考え方は、日本語における「格」の考察から導き出されたものである。たとえばつぎのような文例を挙げている（三上は文例を漢字カタカナ交じり文で表記するが、本書では漢字ひらがな交じり文にあらためた。以下、他の著書からの引用も同様）。

甲が乙に丙を紹介した。

ここで、「甲が」、「乙に」、「丙を」は、それぞれ用言である「紹介し」の意味を補足する「補足語」（補語）であり、三者のなかに特権的なものはない。

これに対し、ラテン文法（英文法もこの流れをくむ）では、主格だけが述語動詞と特権的な関係を結び、その他の与格（英文法の間接目的語）と対格（直接目的語）は動詞に従属する。

英語の場合、「I」なら「am」、「we」なら「are」、「he・she」なら「is」、「they」なら「are」と、主格にあわせて述語動詞はそれぞれ変化しなければならない。

しかし日本語の場合、「甲が」という主格だけが用言に対して特別の強制力をもつことはない。三上はつぎのように図示して、三者の対等性を強調した。

甲が
乙に ｝紹介し――た
丙を

この「甲が」、「乙に」、「丙を」の順番は、「山田を三上に私が紹介した」といったように、入れ替えが可能である。語順からいっても三者は対等であった。

主格の優位性

ただし主格が他の格に対して優位に立つ場合があり、三上も以下のような点を挙げている。

一、主格はほとんどあらゆる用言に係るが、他の格は狭く限られている。
二、命令文で振り落される。
三、受身は主格を軸とする変換である。

四、敬語法で最上位に立つ。
五、用言の形式化に最も強く抵抗する。

最後に言っていることは、たとえば「のために」、「をもって」、「について」、「によって」、「とともに」のような「組立て格助詞」が、「が」をふくんでは成立しないようなケースを指す。しかしこれらの主格の優位性はあくまで相対的なもので、英文法のように絶対的なものではない。

日本語の主格に文法上の特権がないとすれば、ラテン語や英語に不可欠の「主語」という用語を日本語の文法に持ち込むのは無益であり、混乱を引き起こすから有害だと、三上は断じたのである。

三上はつづく著書で、「西洋の補足語は、述語の形態を決定しえるものとそうでないもの、つまり主語と主語以外の補足語とに二分される。わが補足語は、全く別の基準から次の二系列に分れる」とし、つぎの二系列を示した。

Xガ、Xヲ、Xニ、Xカラ……
Xハ、Xニハ、Xカラハ……

前者はただの「補足語」だから「単純補足語」と呼び、後者は題目をなす「補足語」だから「提示補足語」と呼びわけた（『新訂 現代語法序説』、一九五九年、『続・現代語法序説』と没後改題、一九七二年）。

係助詞によって示された題目と格関係にある補語を区別するのは当然だが、両者をおなじ「補足語」と呼んでよいものだろうか。題目は用言を補足するものではなく、文末の言い切りにまで係る、あるいは三上自身が指摘したように、文末を跳び越えて、つぎの文にまで係っていくのだから。

主格は用言のなかにふくまれている

三上の「主語廃止論」はユニークかつ明快であったが、日本語の主格が西欧語のように絶対的でないことは、さまざまな文法学者によって指摘されていた。たとえば、昭和の戦前戦後をまたいで活躍した時枝誠記《ときえだもとき》の発言を見ておこう。

ヨーロッパ言語の動詞は、ある事実から、その作用や状態の主体を抽象し、その作用や状態の概念だけを表現するのに対して、国語の用言は、主格となるべき事実をも含めて、これを、総合的に表現するものであるということが出来る。従って、彼（ヨーロッパ言語のこと――引用者）においては、主語と動詞とが、合体したものによって、始めて具体的な思想が表現されるのに対して、国語においては、用言それ自体に主語が含まれているのであるから、それだけで、表現は、すでに具体的であると云い得るのである。以上のように見て来れば、国語において、主語の省略ということをいうのは、主語と動詞との合体したものを原則とするヨーロッパ文法を基準にした云い方であって、国語に即すれば、主語が省略されているとは云えないのであって、むしろ、主語が、述語である用言に含まれていると見るべきであり、また、主語が表現される場合は、用言中に含まれている主語が、表現を、より正確にするために、用言から摘出されたのであると見るのが適切である。その意味において、主語は、他の修飾語と、本質的に異なったものではないと云い得るのである。（『日本文法　文語篇』、一九五四年、新かなにあらためた）

日本語においては、用言のなかに主格がふくまれていて、正確を期すときにだけそれが析出された。この主旨は『国語学原論』（一九四一年）にすでに述べられているが、ここではより丁寧な説明から引用した。

三上は用言を補足する補語のなかで、主格補語だけが特権的な位置を占めることはないと主張した。時枝も、主語と他の修飾語とのあいだに本質的なちがいはないと述べた。

ではなぜ、時枝は「主語」という用語を使うのか。文法的な特質にもとづくものでないことは時枝も認める。しかし「文の成分相互の論理的関係」を言うために、「主語」という用語があるのだと釈明した。

時枝は「論理」を保存するために、ややあいまいなかたちで、「主語」という文法概念を残した。三上は文法上の意味のないものは斬り捨てるべきだと主張して、「主語」という文法概念を排斥した。

文法と論理とは密接な関係にあるけれども、両者のレヴェルは異なる。だから、三上も言うように、文法では「主語」という術語は用いず、論理において「主辞」という術語を使えばよかったのではないだろうか。

3 ❖「格」とはなにか?

「が・を・に」と「と・へ・から・で」のちがい

主格にかぎらず、補語と用言とは、どのような結びつき方をしているのだろうか。渡辺実の構文論を見ていこう。

　渡辺はいわゆる格助詞を連用助詞と連体助詞（「の」）に区別したうえで、その連用助詞のなかにも、「が・を・に」と「と・へ・から・で」などとのあいだに、職能上の大きなちがいがあることに着目した（『国語構文論』、一九七一年）。

　「この花咲くか知ら」、「フランス語の本読んだよ」のように、主格や対格を示す連用助詞「が」、「を」が略されること（「無形化」）は多いのに対して（「に」も、「が」「を」についで「無形化」される傾向がつよい）、「長崎へ出発する」、「組合代表と話しあう」、「ヨーロッパから帰る」、「ロンドンで再会する」など、その他の連用助詞の場合には「無形化」されることがない。

　その一方、「と・へ・から・で」などは、「組合代表との話しあい」、「長崎への出張」、「ヨーロッパからの帰り途《みち》」、「ロンドンでの再会」のように、連用という職務を果さぬまま、「の」が付くことで連体成分の素材に変身してしまうことがある（「有形無実化」）。これに対して「が・を・に」の場合は、「花がの満開」、「フランス語の本をの読破」、「富士山にの登山」と言うことはできない。

　このように、「が・を・に」は、無形化が可能である一方、有形無実化することはなく、反対に、「と・へ・から・で」などは、無形化することはないが、有形無実化はした。このことはなにを物語っているのだろうか。

「が・を・に」の場合、述語との関係が密接であるから、無形化することが可能になり、述語をつよくもとめるがゆえに、途中で有形無実化することはない、こう渡辺は解釈する。渡辺は「が・を・に」を「強展叙」の連用助詞と呼び、「と・へ・から・で」などを「弱展叙」の連用助詞と呼んで、両者を区別した（「展叙」とは「叙述を展開する職能」のこと）。

現代西欧諸語においても、主格・対格・与格は名詞の格変化や語順によって表示され、前置詞によって表示される他の副詞句と区別される点に、渡辺は類似した関係を見出した。補語と用言の結びつき方は、一様ではなかったのである。

格構文は世界の写像ではない

格構文は事態の写像ではなく、話し手による事態の組み立てである。この組み立ての大半は慣用にしたがったものだが（そうでないと、いちいちの発話に苦労する）、客観的におなじ事態であっても、そのとらえ方は話し手によってさまざまだ。

だからどの方向から事態をとらえるか、言葉に即していえば、どの慣用表現を選びとるかは、話し手次第である。

時枝誠記は日本語の語彙を伝統にしたがって「詞」と「辞」に二大別し、詞を「概念過程を含む形式」、辞を「概念過程を含まぬ形式」と定義した（時枝の言語理論については、つぎの第四章でくわしく取りあげる）。

時枝は詞の特徴についてつぎのように述べた。「辞によって統一される客体界の表現であるから、文に於ける詞は、常に客体界の秩序である『格』を持つ」。

格によって表示される「客体界の秩序」は、主体に対立する世界として把握される。時枝は甲と乙という二本の棒を図示して、辞である格助詞の役割について説明した（『日本文法　口語篇』、一九五〇年）。

この甲乙という二本の棒の関係を見て、「甲が|乙に|よりかかる」と表現するのも、「乙が|甲を|支える」と表現するのも、話し手の立場にまかされる。どちらであれ、「が」、「に」、「を」という助詞が格を示している。

時枝は甲乙二本の棒の関係を客観的なものとし、それに対して、話し手がどちらから見るか、どちらから表現するか、というかたちで説明した。しかし、「甲が乙によりかかる」、あるいは「乙が甲を支える」というように異なった表現となるのは、それぞれの言語主体によって甲乙二本の棒の表象が異なるからである。

つまり同一の客観が異なる言語主体によって異なって表現されたのではなく、異なって表現されたものは、もともと異なった表象として認識されていたのである。

「同一の客観」とは、何人ものひとによる度重なるフィードバック（ひとびとの経験の積み重ねの場合もあれば、科学的な実験や観察の結果の場合もある）の末に到達した相互了解として、事後的に認定されたものである。

たとえば私のように方向音痴の人間は、北上した道と南下した道とが「おなじ」道であったと認識するのに、かなりの時間と知的操作を必要とすることがある。

「客体界の秩序」は、われわれがまわりの環境を身体的・言語的に分節して相互主観的につくりあげた「世界」として構成される。語り手がなんらかの言葉を発話するときには、この世界に対する語り手自身の態度が表明される。

「よりかかる」と表現するか、「支える」と表現するかという用言（詞）の選択のなかにも、すでに主体の立場（心意）は存分に発揮されていた。

言葉のコーパス（資料の総体）のなかから選び出したいくつかの詞を、なんらかの原理にしたがってつなぎあわせることで、新たな意味が生まれる。これが発話という作業である。つなぎあわせるための日本語の主要なツールが辞であり、「格」を表示する役割は、辞としての「格助詞」が引き受ける。こうして格構文が構成される。

話し手は所属する言語共同体の慣用に大筋でしたがいつつ、個々の発話の場面において、どの慣用表現を選びとるか、その慣用表現どうしをさらにどう組みあわせるかという点に、ささやかな、しかしときに決定的な主体性を発揮する。

まれな用法やまったく新しい用法であっても、的確な表現でさえあれば、新しい光を放つことになるだろう。詩的な表現であれば作品として記憶され、日常的な用法であれば、継承され、やがては慣用表現として定着する。

4 ❖ 漢文には「てにをは」がなかった!

漢文訓読

「犬が吠えた」とだれかがつぶやく。この「犬」はたとえば隣りの家のコータローであり、いつもよく「吠える」犬である。この場合、「犬」にも「吠える」にも指示対象が明確に存在している。「犬は吠える」と言った場合は、「犬」と言われる種が「吠える」という類型的な行動をとることを意味する。

それでは残りの「が」と「た」と「は」はどこに存在しているのだろうか。「が」や「た」や「は」は外界のどこにも対応物がないだけでなく、たとえば英語や中国語にもそのまま該当する言葉はない。日本語のなかに存在するだけだ。

そんな不思議の意識が湧きあがるのは、そういう付属物のない言語に出会ったときである。原日本語が漢語（中国語）に出会ったときのことを考えてみよう。

中国語は、言語の形態的類型による分類では「孤立語」に属する。英語のような「屈折語」、日本語のような「膠着語」に対して、中国語の文の意味は、基本的に語の配列順序によって決定される。

中国語にも助辞や助字といわれるパーツがある。簡潔な文章によって知られる『論語』のような古典であっても、助字を拾いだせば、かなりの数にのぼる。漢文に登場する助字の数は、日本語の助動詞、助詞、接続詞、感動詞すべてを足したものよりはるかに多い。現代中国語にも多様な助字類があり、表現にさまざまな色どりを添えている。

しかし、中国文学の泰斗《たいと》であった吉川幸次郎《よしかわこうじろう》も指摘したように、日本語は「てにをは」なしでは文を成さないのに対して、中国語は助字がなくても成立する（『漢文の話』、一九六二年）。つまり助字は表現を豊かにする手段ではあっても、文を組み立てるために必須のツールではなかった。そこが膠着語に属する日本語との大きなちがいである。

漢文では、文の意味は基本的に語の並べ方、すなわち語順で決定される。この語順は、屈折語でも、膠着語でも、重要なファクターだが、屈折語では語形変化により、膠着語では添加される付属語によって、最終的に語と語のつながりが規定される。

語順による統語法（シンタックス）は、そのつなぎのツールが耳には聞えず、目にも見えず、ただ前後の順番だけが概念のつながり方を指示する。屈折語では変形部分が耳にも聞え、目にも見える。とはいえ、一語の内部の変化である。

それにくらべて膠着語では、耳に別語として聞え、（文字導入後は）目に別の文字として見える。この「てにをは」とはいったいなんだろう、という疑問が湧いて不思議はない。

圧倒的な文化容量を湛えた漢語が日本の無文字社会に招来されたとき、日本の文化エリートたちは、それをただ外国語として受容しただけでなく、やがては訓読というかたちで日本語として読みこなし、大量の語彙や成句を日本語のなかに導入した。この訓読という作業は、あらたに「日本語」を形成する作業でもあった。このときすでに実践的なレヴェルで「てにをは」がつよく自覚されていたにちがいない。

「てにをは」という呼称の語源も、漢文訓読にまでさかのぼる。訓読にもいろいろな流派があり、そのなかの「博士家《はかせけ》」の流儀では、漢字の四隅に点を振って訓読の便宜とした。これを左下から時計回りに読むと「てにをは」となったことから、訓読の際に補読しなければならない助詞・助動詞・活用語尾・接辞の類が、「てには」または「てにをは」と総称されるようになったのである。

漢文訓読という技術は、日本オリジナルの技術ではなかったらしい。その先行形態として、漢文の本場である中国に、サンスクリットによる仏教経典を漢訳する際に開発された技術があった（金文京『漢文と東アジア』、二〇一〇年）。

この技術はサンスクリット（梵語《ぼんご》）を外国語としてそのまま翻訳するのではなく、まず梵語の個々の単語を漢字で音写し、それぞれの単語を中国語に訳したあと、中国語の文法にしたがって語順を入れ替えて訳文を完成させた。

屈折語であるサンスクリットを孤立語の中国語に置き替えるのだから、漢文訓読とはだいぶ趣きが異なるけれども、漢文訓読の方法にヒントをあたえたと考えられている。

日本語とおなじ膠着語に属する朝鮮語でも、やはり訓読の方法が開発された。しかし中国と地続きの朝鮮では、その後、漢文の原文にハングルと漢字による翻訳が付された「諺解《げんかい》」という方式が普及し、訓読方式は自然消滅した。

日本語のなかの漢語

日本では、漢文とともに、漢字という表語文字それ自体が列島の無文字社会に導入された。しかもその漢字を原音で読むだけでなく、固有の原日本語と漢字を対応させて訓読《くんよ》みし、かつ日本の固有語を表現するために、漢字から「かな」というあらたな文字を発明した。

このようにして日本語に導入された漢語の数は莫大な数にのぼり、大槻文彦の『言海』に占める漢語は、掲載総数三万九千語の約三分の一、一万三千語強を数える。すなわち漢語なしに日本語は成り立ち得ないと言っていいほど、漢語が大量に採り入れられた。裏から言えば、それだけの数の漢語をわれわれ日本人は使いこなしてきた。

このなかには、「読書」のように、動詞＋補語のかたちをした熟語が多数ふくまれる。たとえば、「即位」、「成功」、「注意」などであり、その大半は体言として用いられただけでなく、「安心する」、「航海する」、「帰国する」、「出頭する」、「助力する」、「脱稿する」、「入学する」、「列席する」などのように、かつては「す」、現代語では「する」を付けて、容易に用言に転化することができた。

これは動詞＋補語のかたちにかぎらず、「改革」（類似の語を重ねたもの）、「遊学」（ふたつの意を重ねたもの）、「安眠」（修飾語と被修飾語）などの場合にも、すべて「す」や「する」を付けて用言に転化された。

以上は、山田孝雄が『国語の中に於ける漢語の研究』（一九四〇年）で力説したことである。

しかし漢語をせっせと日本語に採り入れ、日本語を豊かにした分、固有語を駆使して日本語を豊かにする努力は怠られがちであった。西欧語系の外来語を使って煙に巻く学者特有の言葉づかいも、この流れと無縁ではない。

一方、「読書」、「成功」、「安心」、「航海」、「入学」など、動詞＋補語のかたちの熟語を、私たちはなんの苦もなく使ってきた。「温故知新」、「換骨奪胎《かんこつだったい》」、「切歯扼腕《せっしやくわん》」などのよく知られた四字熟語も、この動詞＋補語の重ねあわせである。

漢文の素養のないひとでも、扁額《へんがく》や掛け軸を前にすれば、前後をひっくり返して読む習慣が自然に身に付いている。

つまり日本語のなかには、補語＋用言というメジャーな文法に交じって、動詞＋補語という漢語系の統語法が潜在していると言ってもよい。

漢文の影響は語彙の面にかぎらない。おなじく山田の『漢文の訓読によりて伝へられたる語法』（一九三五年）によれば、日本語のなかには、漢文訓読によって今日にまで伝えられた独特の語法が少なくない。以下のふたつに大別できる。

1、古代の語や語法が、漢文訓読のなかに保存されたために、今日にまで伝えられたもの。
2、漢文訓読のためにあらたに案出された語や語法が、国語のなかに定着したもの。

1に該当するのは、「ごとし」、「いはゆる（いわゆる）」、「しむ」、「いはく（いわく）」、「おもへらく（おもえらく）」、「あるいは」などで、これらは漢文訓読に用いられたために、古代の語法がそのまま保存されて、今日の私たちに伝えられたものである。

2に該当するもののうち、「かつて」、「すでに」、「かつ」、「ゆゑに（ゆえに）」、「いまだ」、「ために」、「ところ」などは、これらの語をあてた漢字の意義がもとの和語の意義に加わって、あらたな意味が生じた例である。

また「および」、「ならびに」、「ゆゑん（ゆえん）」などは、漢文の助辞を直訳することによって、あらたに日本語にもたらされた語である。

漢文訓読は、ほんらい外国語である漢語を、外国語として頭から読むのではなく、日本語の語順になるように、ひっくり返したり（「書を読む」）、一語である漢字を二度読んだり（「未だ……せず」）、かなを送ったりという操作を施す。その結果、訓《よ》み終えたときにはすでに日本語の文になっているという、アクロバティックな読み方であった。

漢文訓読は、漢語（中国語）を知らずとも、この技術を学びさえすれば、高級な文章が（曲がりなりにも）読めるようになるという便利な翻訳術であった。

江戸時代に朝鮮からやってきた通信使と日本の知識人たちは、お互い相手の言語ができぬままに（ごく一部の両国語に通じたひとを除いて）、漢文や漢詩を交換することで、文化交流を実現した。

そのために、漢語が外国語であるという自明の事実が忘れられて、戦前までは中国を「同文同種」と勘違いすることも多くあった（意識的なイデオロギー操作にも使われた）。

この漢文訓読体は長いあいだ日本の（とくに男の）書き言葉の本流であったから、今日の私たちの書き言葉も、すくなからずこの文体に支配されている。

漢文訓読の思想史的意味

漢文訓読はたんに技術上の問題ではなく、日本の言語思想の根幹にかかわる問題であった。たとえば文芸評論家の柄谷行人《からたにこうじん》は、江戸期の国学者が「詞」と「辞」を区別したのは膠着語特有の問題などではなく、詞と辞の区別が漢字仮名交じりの表記のなかに実現されていたからだと断言する（「文字論」、一九九二年）。

また漢字仮名交じり文においては、外来の概念が漢語そのままで導入されたため、それらの概念が自分たちの言葉のなかに消化されることがなかった、つまり「内部化」されなかった、と指摘した。

近代西洋の概念も、カタカナに表記だけ変えてそのまま導入されたり、漢字で新たに造語されて導入されたりした（「哲学」、「理性」、「存在」など）。そのためそれらの言葉はただ原語を指し示す記号にすぎず、理解は原語を通して遂行されるしかなかった。

書家の石川九楊《きゅうよう》は、中華文明圏に属した東アジアの言葉は「言葉の中央に文字＝書字が位置する書字＝文字中心言語」であると規定し、「日本語の統一原理《アイデンティティ》は、漢字＝漢語と仮名＝和語、正確に言えば、和語の中国語あてはめ（訓）と中国語の和語あてはめ（音）、つまり音訓の複線、二重性と、中国語（漢語）の詞を和語の辞が支えるという構造にこそ存在する」と指摘した（『二重言語国家・日本』、一九九九年）。

言語は長いあいだ話し言葉として発達し、せいぜい五千年前に発明された文字は、話し言葉を写す二次的な表現手段だというのが、言語学の常識である。しかし日本語にかぎって、その常識はたしかに通用しない。

日本語は、先進文明がつくりだした概念を表現する漢文という書記言語なしには成立し得なかった、と石川は述べる。

だから日本語は、辞を省いて表記してもおおよその意味がわかるように、漢字依存の言語だと石川は主張する。

日本思想史家の子安宣邦《こやすのぶくに》は、漢字なしには日本語そのものが存立し得なかったと述べ、日本固有の古典のように思われている『古事記』も、「漢字・書記言語的な世界」のなかではじめて成立したのだと指摘し、そのことに目を背けた国語学者を批判する。

「漢字を日本語の表記的な文字記号としてだけ抽象化することは、自国の言語とともにその文化の成立に不可避的にかかわる他者、まさしく不可避の他者としての漢字を、いわば己れに異質な他者として自己の圏外に排出的に措定していくことである。自己の存立に不可避な他者を異質な他者として己れの外側に排出していくことは、同時に己れの内側に幻想の固有性をつくりだしていくことでもある」（『漢字論』、二〇〇三年）。

日本語が成立するにあたって、漢字という外国の文字（他者）にさんざん世話になった。それなのに、漢字は自分たちの言葉を表記するための記号として使っただけで、日本にはもとから日本固有の言語文化があった、と考える日本語観を子安は批判しているのである。

思想的立場も異なる三者が共通して指さしているのは、小言語が乱立しいまだ「日本語」の成立を見ない状況に漢語が招来され、その訓読という作業のなかから「日本語」が次第に形成されてきた、その歴史的なステージであった。また柄谷と子安の議論は、ともに国学以来の言語ナショナリズムに対する批判の表明であった。

これとは逆に、戦前の言語ナショナリズムに根ざした発言ではあるが、山田孝雄は日本語の骨格に「てにをは」があることの重要性を説いた。

「今日は結構なお天気ですね」という挨拶言葉のなかの観念語はすべて漢語である。そのくらい漢語は日常的な日本語のなかに組み込まれている。しかし山田は、その外来語の多用が決して「国語の法格に触れることを許しているものでない」と述べる。外来語の輸入同化が語彙を豊かにした一方、その根底にある国語の本質はすこしも変わらなかったという主張である。

山田はまた日本語が単純明快であることを指摘して、つぎのように述べる。日本語で「みる」と読むべき漢語ははなはだ多く（見、視、観、覧、目、看、眺、など）、それを国語になおすときにはいちいち「見かける」、「たしかに見る」、「一通り見る」、「懇《ねんご》ろに見る」、「心に期してみる」、「つらつら見る」、「心を注《こ》めて見る」などと言わねばならない。「みる」にかぎらずこれは多くの語彙に共通する特徴である。

さらに国語にはドイツ語のような性・数・格といった煩雑な変化もない。要するに国語がこれほど「分析的抽象的」であるのはわが国民性の反映であり、日本国民がすこぶる論理的な性格を有しているということである、と述べた（『国語と国民性』、一九三八年、新かなにあらためた）。

しかし日本語の単語が細分化していないのは、意味を抽象化した結果ではなく、むしろその逆であり、意味にしたがってあらたな語彙を生みださずに、語彙はそのままにあらたな意味だけを派生させてきたからではないのか。すなわち日本語は「抽象性」、「論理性」に富んでいるのではなく、喩の能力に富んでいたと言うべきなのである。

話をもどそう。山田のように日本語の本質を構文に見出せば、「てにをは」の秩序が漢語の導入によっても圧服されなかったことが強調され、漢語の意味世界に着目すれば、日本語のなかの漢語の大きさが重視される。どちらの面から見るかの問題であり、どちらが正しいかという問題ではない。

【この章のまとめ】

この章ではまず、世界を組み立てるための構文である格構文について考えた。格構文とは、話し手が自分の内外の出来事や思いを、ひとつの事態として構成する構文である。

象徴記号である言葉は、事象であれ心象であれ、そのままを写し取ることができない。だから、格構文によって組み立てられた世界像は、客観世界の写像（写し絵）ではなく、言語主体の世界に対する意味づけの表現であった。

しかも、同一の客観が異なる言語主体によって異なって表現されるのではなく、異なって表現されたものは、異なった表象として言語主体に認識されていたのである。

世界を構成する格構文は、基本的に用言とその補語とから成り立つ。日本語の場合、三上章が力説しつづけたように、用言を補足する補語のなかで、主格補語だけが特権的な位置を占めることはない。時枝誠記は、用言のなかにふくまれていた主格が、必要な場合にだけ顔を出すのだと説明した。

日本語では、格表現は格助詞によって表示される。格助詞のなかでも、「が・を・に」で表示される格は、述語との関係が密接であるため、「この花咲くかな」、「あの本読んだよ」のように、助詞がしばしば省略された。

「と・へ・から・で」などの場合は、省略されない。その一方、「長崎への出発」のように、連用という役目を果さぬまま、「の」が付くことで連体成分の素材に変身することがあった。「が・を・に」にそのような芸当はできない。述語とのつよい結びつきのためであった。

体言や用言という詞は、世界に存在する事物の概念である。しかし、「が」などの格助詞、「は」などの係助詞、その他の助詞・助動詞は、世界のどこにも存在しない。

「犬が吠えた」、「犬は吠える」といった場合の、「が」や「た」や「は」は外界のどこにも対応物がないだけでなく、たとえば英語や中国語にもそのまま当てはまる言葉はない。日本語のなかに存在するだけだ。

この不思議にはっきり気づき、「てにをは」とはなにかを学問的に考えるようになったのは、漢語を日本語として読みこなそうとした訓読という作業のなかにおいてであった。漢語には、「てにをは」に相当する言葉がなかったからである。

つぎの章では、さらに日本語のなかの主観と客観という問題について考えていきたい。

第四章

「私」は言葉のどこにいるのか？——日本語のなかの主観と客観

1 ❖ 時枝誠記の主客二元論

「てにをは」の文法的自覚

日本人は漢文を訓読する苦闘をつづけるなかで、自分たちの言葉には、ある実体（物理的なものであれ心理的なものであれ）を指し示す言葉と、実体を指し示さず、文法的なつなぎの役目だけをする言葉という、ふた通りの語彙があることに気づかされた。

訓読に際して、漢語のなかの実体的な言葉は、音読みするにせよ訓読みするにせよ、まるごと日本語に移し入れることができた。

これに対して後者は、助字を除いて漢文にはない要素だから、漢語にいちいちそれらの言葉を付け加えて、日本語の文章にする必要があった。

両者のちがいは歴然としていた。しかしそれを区別して呼んだ名称は当時の文献には見当たらない（古事記の序文で、太安万侶《おおのやすまろ》が実体的な言葉を「詞」と呼んではいるが）。鎌倉末期あるいは室町初期に成立したと言われる『手爾葉《てには》大概抄』という漢文による小冊子のなかで、初めて「てにをは」の研究の端緒が開かれた。

　ここでは、日本語の言葉は「詞」と「手爾葉《てには》」に二分され、「詞は寺社の如きもので、手爾波は寺社に対する荘厳《しょうごん》の如きものだ」と説明された。

　江戸時代の国学者たちはさらに精密な分析を重ね、本居宣長は第二章でも取りあげた『詞《ことば》の玉緒《たまのお》』（一七八五年）において、数多くの歌や物語を引証し、「てにをは」の体系、係りと結びの関係を解き明かした。書名は玉を紐で連ねるさまをイメージしたものであり、また実質的な言葉を布に、「てにをは」をその布を縫う技術に喩えてもいる。

　同時代の富士谷成章《ふじたになりあきら》は『あゆひ抄』（一七七八年）で、日本語を初めて品詞分類し、すべての語彙を「名《な》」、「装《よそい》」、「挿頭《かざし》」、「脚結《あゆい》」の四種に仕分けた。字を見てわかるように、こちらも服飾のメタファーである。

　「名」は体言、「装」は用言にほぼ相当し、「挿頭」はそれらを上から修飾する副詞・連体詞・接続詞・感動詞などであり、その他修飾語となっている人称名詞などをも指した。頭に挿《さ》すかんざしのイメージである。

　「脚結」は履物のイメージであり、「名」や「装」の下に付く助詞・助動詞・補助用言・接尾語類を指した。

　「名」や「装」という実質的な言葉の前に付くか、後に付くかがここでは大きな決め手となり、その形式的な区別をもとに、文中における職能と意味が追究された。

山田孝雄は、「この上に冠せらるゝ性質の語と下に践《ふ》まるゝ性質の語との区別は国語の単語の上に存する本原的の性質に基づくものとしてこれを分類の原理とせるは実に富士谷氏の見識の卓抜なるによる」と称賛した（『日本文法学概論』、一九三六年）。

明治時代になり西洋の言語学が導入されると、その文法的枠組みをほとんどそのまま日本語に当てはめた分類が支配的となった。しかし大槻文彦の『広日本文典』では、「てにをは」はそのまま「てにをは」の名称で残された。西洋文法に直接該当する品詞が見当たらなかったからである。

西洋文法主導のなかで、山田孝雄は日本語独自の構造を探究し、日本語の語彙を、一定の観念内容を具有する「観念語」（体言=概念語、用言、副詞）と、それらを助けて文法的な関係を示す「関係語」（助詞）とに二大別した（『日本文法論』、一九〇八年）。「てにをは」を「関係語」と読み換えることで、その職能を浮き彫りにしたのである。なお山田は助動詞という品詞を認定せず、用言の接尾語と考えたので、関係語のうちにはふくまれない。

時枝誠記の言語観

時枝誠記《ときえだもとき》もまた、「国語学史」の伝統を踏まえつつ、哲学的な思考を徹底させ、ひとつの言語思想と呼び得る文法体系を結実させた。

時枝の言語論は、言語主体（話し手と聞き手）による言語行為が根幹に据《す》えられる。語彙でも文法でもなく、言語主体相互の言葉のやりとりの過程そのものに言語の本質を見たのである。それは決してコミュニケーション論的でも情報論的でもなく、あくまで言語主体中心の言語学であった。

たとえば、言語において単語が単位になるのは、言語主体が主体的意識において、ひとつの統一体として単語を認識しているからであり、言語学という学問の分析の結果ではない。文についても同様であり、言語主体が主体的に文をひとつの統一体として認定しているということが根拠となり、文と認識された。

これが時枝の基本認識であり、言語主体による言語という事実をいかに整合的に説明できるか、ここに学問の真価が問われた。

言語主体を中心に置くこの基本認識は、いったいどこから時枝のもとにやってきたのだろうか。ひとつは、「てにをは」とはなにかを考え詰めた結果、そこに言語主体の主体的意思を見出したからである。

もうひとつは、本人も認めているように、昭和初期に日本の学界に導入された現象学に啓発されたからであろう。

しかしこれを学説史常套の影響関係として見るべきではない。時枝のなかにかたちづくられつつあった枠組みが、現象学にふれて一気にかたちをなしたと考えるべきである。

昭和の初め、時枝は朝鮮の京城《けいじょう》帝国大学の国語学の助教授であった。この頃一冊の現象学の紹介書が刊行された。時枝はこの本を哲学教授の宮本和吉の助けを得て精読する。山内得立《とくりゅう》の『現象学叙説』（一九二九年）という書物であった。山内は京都帝国大学で西田《にしだ》幾多郎《きたろう》に学び、留学先のドイツでフッサールに直接師事した哲学者である。同書はフッサールの現象学を、おもに『論理学研究』に依拠しつつ（主著『イデーン』に対する言及は少ない）、順を追って体系的に紹介した書物であった。

時枝が現象学のなかにもとめたのは、「てにをは」の理論的位置づけへの手がかりであった。これが時枝の切実な問題関心であって、現象学の方法そのものに対して、どこまで探究心があったのか定かではない。

というのは、時枝の現象学理解には、「ノエマ」（意識が志向し構成する意識内の対象）を外界の事物ととらえるなど、初歩的な誤解が見られるからである。以下は最晩年の講演のなかでの述懐である。


〔……〕フッサールは人間の意識を分析いたしまして、まず一つは、人間を取り巻くところの客観の世界、これをフッサールは、対象面、noema というふうに言っております。ご存知ですね。それからもう一つ、その対象面に働きかけるところの人間の働きですね。これを志向作用、noesis というふうに言っております。つまり、noema と noesis、対象面と、それに働きかける志向作用の合体によって、人間の意識というものは成立する。でありますから、たとえばうれしいという感情は、ただうれしいという感情だけじゃなくて、うれしいことの、なにか対象面がある。それは、はっきりしたものであろうとなかろうと、かまわないんですが、なにか対象面があって、それに対する働きかけによって、そこに人間の、うれしいということが出てくる。ですから、現象学の有名な言葉で、〈うれしいというのは、うれしきことに対するうれしいことである〉というふうな説明がありますが、そういうことなんですね。つまり noema の表現が、さっき言いました「詞」の表現、noesis の表現が「手爾乎波《てにをは》」と、こういうふうに、いちおう説明ができると思うんです。ところが、日本の古代文法を、フッサールの哲学で説明したって、なんにもならないんで、ただ理解の手がかりになるだけです。

（「『時枝文法』の成立とその源流」、一九六七年）

西欧伝統の主客二元論の難点を乗り越えるために追究された方法である現象学を理解するのに、客観と主観に二分したうえで、その接触面を問題にしているわけだから、根本的な読みまちがいである。

しかしそんなことは、じつはどうでもいい。時枝がここではっきり確認したのは、言語は語られる素材だけでは言語にはならず、語る主体の素材に対する意識が不可欠だということであった。

この認識はのちに、「言語の表現するものが、客観的事実そのままでなく、客観的事実を一度主体を濾過《ろか》して思考せられたものの表現であるということ、更に厳密にいえば、素材に対する思考の仕方そのものの表現であるということは、言語の理解を考える上に重要である」と表現された（『国語学原論』、一九四一年、新かなにあらためた）。

これは、「言語に於いて単に表現せられた素材を理解するばかりでなく、素材が如何にして思考せられたかの過程を理解しなければならない」という、方法上の問題に直結する。

このようにして時枝は、言語を外在的な規範体系としてではなく（ソシュール言語学がそのような「言語構成観」に立つ言語学として批判された。当時の紹介の制約にもとづく批判で、現在ではその多くが誤解であることが明らかになっている）、言語主体（話し手と聞き手）による「表現・理解過程」それ自体としてとらえたのである。

「言語過程説」と名づけられたこの独自の言語観にもとづき、時枝は伝統的な「詞」、「辞」というタームを定義しなおし、日本語の文の独自の構造を明らかにする。

言語主体を基本に置く時枝の方法は、意味についての考え方にもはっきりと示された。意味とは素材に属することではなく、「素材に対する言語主体の把握の仕方」であった。たとえば山中で昼食を取ろうとして、そばにあった大きな石を指し、「このテーブルの上で食べましょう」と言ったり、疲れた山道で一本の木の枝を折り、「いい杖が出来た」と言ったりすることがある。

石や木の枝という素材は、その場における話し手にとっては「テーブル」であり、「杖」であった。この意味論も、多分に現象学に示唆されたものであった。

最晩年の別の講演のなかでは、先の『現象学叙説』から学んだことのひとつとして、物事の意味は、主体のその時その場における素材へのはたらきかけから立ちあらわれる、ということを挙げている（「言語過程説の基礎にある諸問題」、一九六七年）。

時枝誠記の詞・辞論

言語という「過程」に着目した場合、単語は大きくふたつのグループに分けられる。ひとつは「概念過程を含む形式」、いまひとつは「概念過程を含まぬ形式」（『国語学原論』）。

前者は、表現の素材をいったん客体化し、概念化したうえで、音声によって表現したものであり、伝統的な「詞」に相当する。宣長門下であり、時枝が高く評価した鈴木朖《あきら》は、これを「さしあらはしたもの」と説明した。
「山」、「川」、「犬」のような事物の名前から、「走る」のような動作の名前などがこれにあたり、さらに「悲しい」、「喜ぶ」のような主観的な感情を客体化し、概念化したものもここにふくまれる。

もうひとつの「概念過程を含まぬ形式」は言語主体による直接的表現であり、客体界に対する主体的なものを表現する。伝統上の「辞」であり、助詞・助動詞・感動詞などがここに入る。鈴木朖はこのような語を「心の声」と呼んだ。

時枝はここで、たいへん説得的な例を出している。「嬉《うれ》し」という詞は主観的な情緒に関する言葉であるけれども、概念過程を経た表現だから、「彼は嬉し」というように第三者についても表現することができる。

ところが推量をあらわす「む」という辞は、「花咲かむ」というように、言語主体（ここでは話し手）の推量の気持ちだけを表現する。だから「彼行かむ」といっても、推量しているのは「彼」ではなく、言語主体の「我」である。このように辞によって表現されるのは、「主体それ自体」であった。

「我読まむ」という場合の「む」も、「我」の推量の気持ちをあらわしたものではなく、言語主体であるもうひとりの「我」の推量をあらわしたものである。「彼読まむ」（彼は読むだろう）

の「む」が、言語主体の推量であるのとおなじことであった。

「我読まむ」の「我」が言語主体と同一人物であっても、「我」というかたちで客体化されているかぎりは、第三者化された言語主体を意味し、「彼」とおなじく客体の表現である。客体的な表現である詞は、言語主体の直接的な表現である辞に包まれることで、はじめて主体による表現となる。これが時枝構文論の基本構図である。

戦後の体系的な文法書である『日本文法　口語篇』（一九五〇年）のなかで、時枝は詞・辞の一般的性質を以下のように要約した（新かなにあらためた）。まず詞について。

一　表現される事物、事柄の客体的概念的表現である。
二　主体に対立する客体化の表現である。
三　主観的な感情、情緒でも、これを客体的に、概念的に表現することによって詞になる。
四　常に辞と結合して具体的な思想表現となる。
五　辞によって統一される客体界の表現であるから、文に於ける詞は、常に客体界の秩序である「格」を持つ。

詞に属する語として、体言、用言（動詞・形容詞）、代名詞、連体詞、副詞などが挙げられている。

つぎに辞について。

(一) 表現される事柄に対する話手《はなして》の立場の表現である。

(二) 話手の立場の直接的表現であるから、つねに話手に関することしか表現出来ない。

(三) 辞の表現には、必ず詞の表現が予想され、詞と辞の結合によって、始めて具体的な思想の表現となる。

(四) 辞は格を示すことはあっても、それ自身格を構成し、文の成分となることはない。

辞に属するのは、接続詞、感動詞、助動詞、助詞などである。ただしふつう助動詞に分類される「れる」、「られる」、「せる」、「させる」、「たい」は、客体的表現であるという理由から、接尾語と認定されたうえで、詞に分類された。

辞は話し手の立場の表現であるが、かならずある客体的なものに対する話し手の立場の表現である。したがって詞は辞に伴われることで、はじめて具体的な思想の表現になる。

時枝はこの詞と辞の関係を左のように図示した。この図は『国語学原論』から『日本文法口語篇』まで、何回も使われたお得意のイラストである。

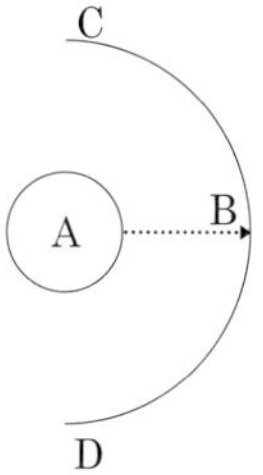

これを時枝はつぎのように解説している。「Aを言語主体（話手）とする時、弧CDは、Aに対立する客体界の表現、点線ABは、客体界CDに対する話手の立場の表現であって、ABと、CDとの間には、志向作用と志向対象との関係が存在し、ABCDが即ち具体的な思想の表現であると云うことが出来る」（『日本文法　口語篇』）。いかにも現象学に示唆されたモデルであるが、あくまで言語主体の意識の模式図であり、そのまま日本語の構造に転換することはできない。

入れ子型モデル

「詞」と「辞」の文法的な関係は、あらためてつぎのような「入子型構造」によって図示される。

時枝はすべての日本語表現において、

という基本構造を設定したため、「辞」のない箇所には「零記号」としての「辞」を想定した。いかなる素材も話し手の心意や判断として表現されないかぎり、言語表現にならないと確信していたからである。

「犬が走る」の「走る」、「流れる小川」の「流れる」、「美しく咲いている」の「美しく」のあとにも、それぞれ「零記号」の「辞」があるとされた。自説を徹底するためには、こう説明せざるを得ない。

この品詞レヴェルで分類した詞辞論に対して、時枝に触発された国語学者たちから、さまざまな修正案が提出された。用言についていえば、語幹だけを詞とし、活用語尾は辞としてとらえる考え方である（大野晋、阪倉篤義など）。

「咲く」を例にとれば、「sak」という語幹のなかに詞としての客体の意味があり、五段に変化する活用形（-a, i, u, e, o）を辞とすることで、詞と辞という基本的な区分に揺るぎはない。具体的な文のなかでは、動詞や形容詞はかならずひとつの活用形として表現される。したがって活用語尾を辞とすれば、「零記号」という無理な設定はおおむね不要になる。

「犬が走る」の「走る」は終止形、「流れる小川」の「流れる」は連体形、「美しく咲いている」の「美しく」は連用形であるから、「零記号」の設定なしに、整合的な説明が可能になるのだ。

しかし時枝は、これらの修正案を「詞辞連続説」と断定し、レヴェルの異なるものは連続しないと主張した。伝統的な単語レヴェルの詞・辞区分を固守したのである。

その一方時枝は、用言の「活用現象」は「辞の機能に相当する」と述べ、用言の現実の姿である活用のなかに、言語主体の主体的なものを見出そうとした（『日本文法　口語篇』）。言語過程説の提唱者として当然の見識であったが、その後、理論的に展開されることはなかった。

隣接と呼応

言葉は線上にひとつひとつ並べていくことしか構成の手立てがないので、前と後ろの関係から、すべての構造が構築される。

しかし前後といっても、隣りどうしの場合と、前の方からあいだを飛ばして後ろの方に係る場合とがある。前者を隣接関係（狭義）、後者を呼応関係と呼べば、時枝誠記の詞辞構造は、すべて隣接関係から出来あがっていた。

時枝の入れ子型の文構造によれば、詞を辞が後ろから包み込むかたちで、最初の単位が出来あがる。これをまたつぎの単位が包み込むということを順番に繰り返し、最後の辞が大きく全体を包み込んで、主体の表現としての文が完成する。

そこでは、「風が吹いている」の「が」も、「万葉集は歌集である」の「は」も、ともに「格を表わす助詞」に分類された。

入れ子型に図示すると、他の助詞の場合と変わりはなく、「は」で示された句も後から来る詞と辞にすっぽり包まれる。

時枝文法には、係りという文法用語も、係助詞という品詞もない。本居宣長が日本語の構文の特徴として取りあげ、山田孝雄が生徒の「は」についての質問に窮した事実を、時枝は百も承知していた。
しかし係りと結びの関係は、時枝詞辞論の範疇に入らない。時枝は堂々とこれを無視した。時枝文法の大きな欠落であったと言ってよいのではないか。

2 ❖ コトとムード

世界の分節と関係構成

「山の麓に麦畑が広がっていた」という文はかなり客観的な表現である。一方、「麦畑を眺めていた私は無性に悲しくなった」という文は主観的な表現である。しかし「広がる」も「悲しい」も「客体的な表現」であり、詞に属する。すなわち客観的な事実描写はもとより、主観的な心情表現もおおむね客体的な表現によって可能になる。

「私は無性に悲しくなった」という発話において、「私」は二重化されている。言語主体としての私が発話内容としての「私」について語っているのだが、語られた「私」はむろん詞である。

「かれはきっと行くだろう」という文において、「行く」のはもちろん「かれ」だが、「だろう」と推測しているのは語り手であり、「だろう」という辞（断定の助動詞「だ」の未然形「だろ」に推量の助動詞「う」が付いた連語）がその役割を担っている。

また「きっと」という語によって、「かれ」が「行く」可能性を語り手が推し測っているのだが、品詞分類としては詞に属する副詞である。

このように「客体的」な「詞」は客観的な事態を表現するだけでなく、語り手の内面をも表現するし、「主体的」な「辞」は、言語である以上、厳格なコードにしたがった使い方を要求される。

またどんなに客観的な内容の文であっても、かならず実践的なまなざしに導かれている。たとえば、「これは私の本である」という文法書の文例も、具体的な発話（パロール）のなかでは、「だから断りなしにもっていくな」といった意志をはらんでいる。「遠くに陸が見える」は、「助かった、これで漂流生活も終わりだ」という気持ちを意味したかもしれない。

一方どんなに感情を剝きだしにした発言も、言語共同体の共通規範としての「ラング」にしたがって発話されないかぎり意味をもたない。「あの野郎、ぶっ殺してやる」という感情剝きだしの表現も、だれでも知っている語と統辞規則によって成立しているのである。「詞」とはわれわれの言語的な分節によって切り出された「客体」であり、その詞の配置を決定し世界に意味付与するのが「辞」の役割であった。辞の対応物は、語り手の語る意識のなかにしか存在しない。

しかしコミュニケーションが実現するのは、辞の用法がひとつの言語共同体に属するひとびとのあいだに相互了解され、共通の規範になっているからである。

詞は世界の分節(概念化)というステージに対応し、辞は世界の関係構成(あるいは関係分析)というステージに対応する。詞に属する語は論理的には無限にあるが、辞に属する語(あるいは語尾)はきわめてかぎられている。簡単に枚挙できるばかりか、造語のきわめて困難な言葉である。

辞は主体の思うに任せない強いルールに縛られた言葉であった。これが辞の逆説的な本質である。

コトの類型

時枝誠記の詞辞論に大きな刺激を受けた渡辺実は、時枝詞辞論の無理を解消しつつ、その基本理念を継承・発展させることを目指し、新たな文法体系を構築した。

渡辺は、「素材表示」、「関係構成」という構文形成の職能を指標にして、素材表示の職能だけを託された体言類、関係構成の職能だけを託された助詞類(いわゆる助動詞は、用言としての「判定詞」、あるいは用言の「複語尾」に編入される)、両者の職能を具備した用言類(統叙の職能を託される)と副詞類(統叙の職能を託されない)とに三分割した(『国語構文論』、一九七一年)。

時枝の発展型というよりは山田孝雄に近いようにも見えるが、きわめて整合的な品詞分類であった。その分、時枝の熱い思想性は削ぎ落され、学術的な理論にまとまってしまった憾《うら》みもなしとはしない。

時枝文法は学問的に継承されなかったとはいえ、日本語文法論における主客二元論は、レヴェルを変えていまも健在である。ただし時枝の影響ではなく、日本語学が祖と仰ぐ三上章の理論の継承、そして英文法のモダリティ理論の移入によるものであろう。

三上の文法理論については、主語無用論ばかりが喧伝されつづけてきたが、その構文論の基本には、「コト」と「ムード」という仕分け方があった。コトとは文が伝えようとする内容のことであり、ムードとは話し手によるその伝え方を意味する。

この二分法は三上のオリジナルではなく、ソシュールの紹介者として知られる小林英夫が導入したバイイの「dictum（事理）」と「modus（様態）」という概念に由来するが、日本語に応用したのは、三上の功績であった。

『現代語法序説』（一九五三年）ですでに示された基本の考え方であるが、ここではいちばん整理されたかたちの『構文の研究』（一九五九年執筆の学位論文で、没後の二〇〇二年に刊行された）から引用する。

コトは、述語の語幹とその補語、連用修飾語から成り立つ。述語の語幹までに意味内容としてのコトを絞ったのは、活用形は伝え方であるムードに属すると考えたからである。このあたり、時枝詞辞論に対する修正案に近い。

コトはどんな類型に整理・分類できるのだろうか。三上以前から、基本三文型という考え方があった。すなわち、

(1)　何がどうするか。(動作)
(2)　何がどんなであるか。(状態)
(3)　何が何であるか。(事物)

この三文型の不十分さを補って、三上はコトの五類型という考え方を提出した。すなわち、

一の甲型　Aがどうこうするkoto
　　乙型　AにBがどうこうするkoto
二の甲型　Aがどうこうであるkoto
　　乙型　AにBがどうこうであるkoto
三の型（模範型）　AがBであるkoto

これらの類型は、従来の三文型同様、要となる品詞は、それぞれ一の型が動詞、二の型が形容詞、三の型が名詞になる。

三上が増設した乙型は、たとえばつぎのようなものであった。

彼に|波の音が|聞こえること。（一の乙型）
私に|時雨の音が|さびしくあること。（二の乙型）

ここでも三上は主格の優位を明言し、五類型のすべての型に主格があらわれる「普遍性」と、三の型では主格のひとり舞台となる「模範性」を挙げた。「三の型は、他のすべての型がそこへ落ち着かされるような極限の位置にある」とも述べた。

コトには主格が不可欠だが、日本語のセンテンスは主格を欠いても成立するというのが三上の認識であり、それが主語無用論の根拠であった。

ムードはコトに着せた着物？

三上はこのコトが認識の基本であり、さまざまに見聞きしたことも、記憶表象としては、最終的にこのコトに近いかたちで保存されると考えた。

三上は有題の文がコトに整理されることを「無題化」と名づけた(『象は鼻が長い』)。無題化とは、文脈や具体的な発話者の気持ちを捨象して、抽象的なコトに整理する作業である。コトのなかには事態の「論理的」な関係だけが保存され、言語主体の事態に対する意味づけはすっぽりと捨て去られる。

もう一歩抽象化すれば、主格をはじめとする格はすべて等価な項として記述することが可能になり、述語論理の論理式が出来あがる。三上がコトと名づけたものが、フィルモアの格文法やモダリティ理論では、「命題(proposition)」と呼ばれているのは、必然の成り行きであった。

話し手がさまざまな感情や欲望や意思をこめて発言した内容が、論理的な命題に還元・解消される。これがコトであった。コトに対する発話者の意味づけは、ムードの仕事に委ねられた。

コトとして保存された句のなかから、いずれかの項が選び出され、題目として提起されると、有題文が出来あがる。さらに文末の活用形や助詞・助動詞などのなかに、話し手のコトに対する気持ちが表現される。これがムードであった。

三上は、「文はコトにムウドという着物を着せたものとも考えられる」(三上は「ムウド」

と表記する）と述べている（『構文の研究』）。着物はいろいろ着せ替え可能だが、本体としての肉体はまったく同一というイメージである。

益岡隆志による同書の巻末解題によれば、三上のムードには、広義のムードと狭義のムードの二種類があり、これは今日の「モダリティ」と「ムード」にほぼ相当する。

前者はコトに対する「話手《はなして》の態度を反映するもの」であり、題目と述部の関係である題述関係もここにふくまれる。

後者は主として用言の活用形にあらわれるものであり、この活用体系は、狭義のムードと、「テンス」、「スタイル」によって形成される。

三上を継承し、日本語学隆盛の立役者となった寺村秀夫も、文の構成を大きくコトとムードに二分したうえで、さらに事態に対する話し手の主観をあらわす「対事的ムード」と、話し相手に対する態度をあらわす「対人的ムード」に下位分類した（『日本語のシンタクスと意味』I、一九八二年。後年の論文では、それぞれ「叙述のムード」、「伝達のムード」と言い換えられる）。

3 ❖ 発話はつねに「主体」的である

客観世界はあらかじめ存在しない

では、この「コト」とはいったい世界のいかなる像なのだろうか。

寺村秀夫はコトの内部構造をさまざまな類型に分類し、実証的に精緻に分析しているけれども、コトそのものについては、「話し手が客観的に世界の事象、心象を描こうとする部分」とあっさり規定した（『日本語のシンタクスと意味』Ｉ）。

益岡隆志も、文を「命題」と「モダリティ」に二分した上で、前者を「客観的な事柄を表す要素」、後者を「主観的な判断・態度を表す要素」と規定している（『モダリティの文法』、一九九一年）。

時枝誠記は、詞と辞を概念化の有無という明確な指標によって区分し、前者を「表現される事物、事柄の客体的概念的表現」と規定し、後者を「表現する事柄に対する話手の立場の直接的表現」と規定した。

したがって、時枝の詞・辞論は客観・主観の二元論ではなく、客体・主体の二元論であった（時枝自身の世界観は、前述したように、客観・主観の二元論ではあったが）。

しかし三上章に始まる日本語学の流れは、より素朴な主客二元論に立脚していると言わざるを得ない。

ここで暗黙の前提になっているのは、客観世界というものが私たちの外側に存在し、そのなかに主観としての私たち人間が存在しているという常識的な世界像である。フッサールが「自然的」態度と呼んだように、近代人の日常生活と切り離すことのできない「自然な」世界認識である。

しかしこの世界認識は、原理的に問い詰めると、たしかな根拠のない思い込みにすぎないことが判明する。フッサールはこの思い込みを一度カッコに入れて、自分の意識の内部に沈潜し、意識の志向作用それ自体を探求した。この探求によって、客観存在というものがどのようにして、私たちのあいだに共通の信憑《しんぴょう》として成立するのか、ということが明らかにされた。

この現象学の方法によれば、私たちが世界と考えているものは私たちの意識に先立って客観的に存在していたものではなく、私たちのあいだの相互主観として成立したものであった。外部の世界も、他者という自分以外の主観も、自己の意識が最終的にその存在を疑い得ないものとして了解し、その了解がつねに矛盾なく何度も積み重ねられることによって、ついに信憑にまで達したものであった。

近代科学の世界像のように、客観存在が先にあって、そこから人間の意識も誕生したと考えるのは、私たち現代人にきわめて受け入れやすい世界認識である。しかし、この見方がいかに疑いがたいにせよ、ひとつの仮説、それも最終的には証明できない仮説、つまり仮構であることに変わりはない。もちろんその仮説が有効でありつづけるかぎり、その仮説が仮構にすぎないといって葬り去る理由はどこにもない。

意識にとってほんとうにたしかなことは、意識の内側のことだけであり、意識の外側に想定されたものは、程度の差こそあれ、絶対確実な存在ではない。それが人間の意識の限界である。

コトは「恣意的」な世界像である

フィクションとしての世界の構造を言語のレヴェルから（現象学とはまったく無関係に）明らかにしたのは、現代言語学のパイオニアであるソシュールであった。

ソシュールは言語の「恣意性《しい》」ということを強調した。生物学的にはおなじ魚を成長期によって、ワカシ、イナダ、ワラサ、ブリなどと呼びわけるのは、日本語の習慣であり、牛肉の部位をサーロイン、テンダーロイン、ランプなどと呼びわけたのは、英語の習慣であった。

それぞれの呼びわけ方はその言語共同体の勝手だが、この勝手にはその共同体なりの理由があった。言語を獲得した人間は、身体的な分節を基盤にして、混沌とした外界のカオスを言葉によってさまざまに切りわけ、ひとつひとつに名前を付けた。それは生活上の必要や文化上の要請に根ざしていた。

異なる言語のあいだで単語と単語が一対一対応しないように、この切りわけ方がそれぞれの言語共同体ごとに異なること、これをソシュールは「恣意性」と呼んだのである。

恣意的な分節によって出来あがったいろいろな名前は、共同体のメンバーにとってはきわめて必然的なものなので、「イヌ」と聞いてすぐさま、日本人はあのワンワンと鳴く動物をイメージする。それくらい必然的であればこそ、母語として通用するのである。

ソシュールが「恣意性」という概念によって明らかにしたのは、世界があらかじめ私たちの眼の前にある秩序として存在していたのではなく、私たちが「恣意的」な言語分節によって、現にある世界を構成したということであった。

世界が「恣意的」に構成されたものだとすれば、あらたな分節によって世界を読み換え、再構成することが可能だ。現にいまでも、言語行為が繰り返されるたびに、つねに、すこしずつ、ほとんど意識されることもなく、組み換えがおこなわれている。

ところが、私たちの「自然的」な世界像を前提にしたコト＋ムードという図式は、言語主体の意識の外側に客観としてのコトがあり（心象もコトとして客観化される）、それに対する主観をムードとして表現するという、主客二元論の考え方に根ざしていた。

しかし個々の言葉が「恣意的」な分節によって出来あがっていたように、コトも「恣意的」

に分節された言葉を個々の発話主体が構成したものにほかならない。コトは「客観的」なものだといっても、それは言語主体によって構成された「客観」である（その過程が意識的ではなく、習慣的におこなわれたとしても）。

その構成の過程で、発話主体は対象とする事態にさまざまな意味づけをあたえ、みずからの態度を表明する。コトは発話者の意味づけによって構成されたものだから、コトとはまずは発話者のコトにほかならない。

時枝誠記の文例にあった「甲が乙によりかかる」というコトと、「乙が甲を支える」というコトは、おなじ図を表現したものではあったが、同一のコトではない。「信濃川は日本最長の川である」のように、きわめて客観的に見えるコトであっても、それは個々の主観が相互主観的に、そして共同的に客観として認証したものにほかならないのである。

「クマ」と発話された瞬間に

日本語の基本構造は詞と辞の組みあわせから成り立つ。これが日本人の伝統的な理解であり、時枝はその理解を学問的に理論化した。

しかし単独で発話された用言のなかにも（なんらかの活用形として表現される）、言語主体の心意は存分にこめられている。そればかりか体言一語であっても、それが具体的な発話でさえあれば、十二分に主体的な表現たり得るのである。

山道でクマに遭遇したひとが思わず叫んだ「クマ！」という一語のなかには、驚愕と恐怖の気持ちがこめられているだろう。あるいは峠を越えて、眼下に大海原が広がったとき、「海！」と叫べば、そこには全身から湧きでた感動が表明されているはずである。

日本語の辞に属する言葉は言語主体の気持ちや意思を丁寧に表現し、それが日本語の大きな特徴ではあるが、辞がなくても、具体的な発話はつねに主体的である。辞は表現をよりきめ細やかにするために、なくてはならないはたらきをするが、発話に不可欠な要素と考える必要はないのではないだろうか。

発話され具体的な意味内容を充填された「詞」は、生きた主体的な「詞」であり、虫ピンでとめられた標本としての「詞」ではない。

さまざまな具体的な「クマ」という発話から、個々の具体性を剝ぎとり一般化したものが、辞書のなかの「クマ」である。

発話のために選択された言葉は、言語共同体なりの分節によって区切られた個々のパーツである。発話主体は状況に応じてそのなかのひとつを主体的に選び取り、発話する。その瞬間に、たんなるパーツは、発話に応じた生き生きとした姿をあらわす。

この選択のなかに主体がはたらいている。あらたな命名であれば、主体はさらに鮮明に表現されるだろう。パーツとパーツの接続の仕方、つまり構文法のなかに、主体のものの見方や意思や好みがはっきりと示されるのはいうまでもない。このように、具体的な状況のなかで発話された言葉には、話し手の意思がすみずみにまで浸透しているのである。

言語主体の主観性、そして言語主体間の相互主観性は、ムードと名づけられた部分に偏在しているのではなく、まずは、コトと呼ばれる事態の構成のなかに発揮されているのである。

【この章のまとめ】

日本語の構文は、基本的に、実体を指し示す言葉と、それらを関係づけ、話し手の心持ちを示す言葉との組みあわせによって成立した。

時枝誠記は、この概念過程を経た「詞」が、言語主体の直接的な表現である「辞」に包まれることで、文という言語主体による表現が完成すると考えた。

時枝は単語レヴェルで詞と辞を仕分けたが、詞とされた用言のうち、語幹を詞、活用語尾を辞とする修正案が提出された。この修正案によって、無理な「零記号」の設定はほとんど不要になった。それでも、「まあ、きれいなお花！」、「クマ！」のような場合に、零記号の辞を想定してもかまわないだろう。

しかしこれは、現実に発話された言葉はつねに「主体」的である、と言うのとおなじことである。客体的な言葉も、具体的な発話（パロール）として表現されたかぎり、そこにはかならず主体的な意思がこめられているのであった。

詞辞論修正案のように、用言の活用語尾を辞と認定しなくとも、活きた発話である活用現象そのもののなかに、言語主体の主体が表現されていると考えてもよいのではないだろうか。叙述内容を意味する「コト」も、客観世界の写像ではない。コトの表現それ自体が、言語主体の世界に対する意味づけにほかならないからである。言葉の選択、接続の仕方のなかには、言語主体の意思や感情が鮮明にこめられている（その個々の分析は、文法論ではなく、文体論の仕事になるが）。

客体表現の基盤には、つねに言語主体の主観があり、主体表現の基盤には、言語共同体の厳然たるルールが存在するのである。

第五章

「ある」は語りの出発点である——構文を発掘する

1 「ある」は「存在する」ことなのか?

『存在と時間』

二〇世紀を代表する哲学書に『存在と時間』(一九二七年)という書物がある。タイトルを見ただけでは、なぜそんなに大事な書物なのか、いぶかしむ日本人も多いのではないだろうか。「死」や「愛」といった問題に悩んだひとも、「存在」というテーマを突きつけられたことはあまりなかったにちがいないからだ。

「部長の存在がストレスの原因です」という場合、部長という「存在者」(存在しているもの)が問題になっているだけで、「存在」一般が問われているわけではない。

ハイデガーの原題は *Sein und Zeit*。「sein」は英語のbe動詞に相当し、ここでは動詞の原形がそのまま名詞として使われている。

「sein」や「be」は構文上きわめて大事なだけでなく、とても特殊なはたらき方をする動詞である。英語の場合、いわゆる五文型のS+V+CのVは、be動詞であることが多く、受動態や進行形、またある種の完了形にも登場する。現代英語ではほとんど使われなくなったとはいえ、古くは「……がある」ことがこの動詞で表現された。The book is on the desk. は、ほんらい S＋V＋副詞句であったはずだが、いまは S＋V＋C とする説も有力である。存在のニュアンスがほとんど失われたからであろう。

西洋哲学史においては、主観がどのようにして真理に到達できるかを問う「認識論」に並んで、存在することとそれ自体を問う「存在論」が、古代ギリシア以来の大テーマであった。「在る」を原義とする言葉が、西洋の言語のなかで、きわめて重要な役割を果してきたことが、大いに関係する。

ハイデガーは「存在」とはなにかを問うにあたって、「在る」ものをそのように在らしめている、人間という特別な存在の在り方に着目した。存在者（存在しているもの）は、われわれの意識に先だって、客観的にすでに存在しているのではなく、人間がそれぞれの欲求にしたがってかかわっていくなかで、その存在のかたちをわれわれ人間にあらわす。ハイデガーはこう考えた。

山道で折った木の枝を「杖」と呼び、大きな石を「テーブル」と呼んだ、時枝誠記の意味論を思い起していただいてもよい。

しかし存在するものを意味づける特別の存在である人間も、ひとつの存在者であるからには、その存在を喪失する「死」という運命を免れない。この死という事態にあらかじめ根源的に向きあうことなしには、人間ほんらいの実存の意味は明らかにならない。ハイデガーはそのように論を進めた。

「在る」を問うことは、こうして人間の実存と深く結びつけられた。日本では（「東洋」では）そのような存在論は発展しなかった。どちらかといえば、「ある」を相対化する「空」の思想、あるいは否定する「無」の思想の方に人気があった。しかし「無」が問題になるためには、「ある」が前提になければならない。

「ある」（古語では「あり」）それ自体は、たしかに日本人の哲学的なテーマにならなかったけれども、存在の意味にとどまらず、さまざまな場面に「ある」は潜在し、われわれの感情や思考の表現を底から支える重要な役割を果してきた。そのありようを見つめることから議論を起していきたい。

「見渡せば花も紅葉もなかりけり」

「見渡せば花も紅葉もなかりけり 浦の苫屋《とまや》の秋の夕暮」というよく知られた歌がある。新古今集に収められた藤原定家の作品だ。上《かみ》の句は、「見渡してみると花も紅葉もないことだなあ」などと現代語訳されている。

「なかりけり」は、「なし」という形容詞のカリ活用連用形に、「けり」という詠嘆の助動詞が付いたもの。「なかり」はもともと「なし」の連用形「なく」に「あり」が接続したかたちであり、熟合して「なかり」となった。

形容詞のカリ活用は、この歌の場合もそうであったように、主として助動詞を付加するときに用いられた。

しかし、「美しかりけり」など、ふつうの形容詞の場合にはなんの問題もないのだが、「なかり」の場合、「なく・あり」と分解して眺めてみると、奇妙なことに気づかされる。「あり」を「なし」で否定するならまだしも、「なし」が「あり」で肯定されるとは、いったいどういうことか。

さすが山田孝雄はここに着目した。もし「なし」が非実在をあらわし、「あり」が実在をあらわすものだとすれば、非実在の実在というおかしなことになる。ところが「なかり」の用例はめずらしくなく、われわれはそれを不自然とも理屈に合わないとも思わない。理由があるはずだ。

「あり」は「存在」を意味し、また（カリ活用の場合のように）「属性」が依存するための「立脚地」になるけれども、それは観念の側面から見た場合のことで、その本義は「人間思想の統覚作用」にある。こう山田は説いた（『日本文法論』、一九〇八年）。

つまり「あり」と言うことは、言語主体がみずからの判断、意思などをひとまとまりのものとして表明することであった。

この場合の「あり」は、論理学のコプラ（主辞と賓《ひん》辞をつなぐもの）に相当するとまで、山田は断言した。

存在詞「あり」の多様なはたらき

山田文法の集大成と言える『日本文法学概論』（一九三六年）では、「存在詞」という品詞を新設し、「あり」、「をり」、「はべり」、「いまそかり」を収容した。

「をり」は「ゐ」と「あり」が熟合したもので、「有情の存在」を示した。「はべり」は「這ひ」と「あり」の熟合で、謙称語。一方「いまそかり」あるいは「いますかり」は、「います」と「あり」の熟合とされ、敬称語であった。いずれも「あり」が潜在している。

「あり」はほんらい「存在」を意味したが、次第に「陳述」だけを意味する用法が発展した、と山田は説明する。前よりは意味に重点を置いた説明だが、「如何《いか》なる属性をも予定することなく殆《ほとん》ど一切の用言の基本的形式的部分を代表せるもの」とも規定された。

「人間思想の統覚作用」によってまとめられた言説内容は、ひとつの文として言い切られる。これが「陳述」であり、そのはたらきは「用言の基本的形式的部分」によって担われる。

日本語のなかで具体的にどのように表現されているのか、山田の叙述を追っていこう。

「あり」には「われ世の中に**あら**ん限りは」のように、純粋に存在をあらわす場合と、「何事もいけるかぎりのためこそ**あれ**」のように、陳述の意味だけをあらわす場合のふた通りがある。陳述の意味の場合には、古代から「なり」も用いられ、のちには「なり」一本に絞られた。

現代日本語では、「ここに梅の樹**がある**」のように、「存在をあらわして陳述する」場合には「が」という助詞を添え、「これは梅の樹**である**」のように、「陳述の力のみをあらわす」場合には「で」という助詞をともなう。どちらも「陳述」というはたらきにおいては共通している。

山田文法では、「あり」にかぎらず、あらゆる用言に陳述のはたらきを認めた。しかし他の用言の場合には、まずなんらかの「属性」表現があり、それに陳述のはたらきが加わるのに対し、「あり」の場合、属性をもたず（存在を属性ではなく、属性の基盤と考えた場合）、さらには存在の意味をも失って、陳述のはたらきだけをするところに大きな特徴があった。

つぎに山田はいわゆるカリ活用について述べる。カリ活用を形容詞の活用の一種とする現代の文法とは異なり、山田はこれを「形容存在詞」と呼び、「同じからず」、「甚しかりき」、「長かるべし」、「なかれ」、「おほかり」などの例を挙げている。

現代の口語では、これらの語は、「面白から(ろ)う」、「面白かった」（音便形）のように、未然形、連用形でしか使われなくなった。

形容詞と存在詞の熟合があるならば、動詞と存在詞の熟合もある。「そよげり」、「なせり」、「立てり」、「飼へり」、「うめり」、「起れり」のたぐいであり、これらは「動作存在詞」と名づけられた。動詞の作用が継続して存在しているか、あるいはその作用の結果が存在していることを示す言葉であった。

さらに助詞「に」と「あり」が熟合して「なり」という用言になり、助詞「と」と「あり」が熟合して「たり」という用言を形成する。これらは名詞あるいは副詞をともなって説明のはたらきをするので、「説明存在詞」と名づけられた。

「楠木正成《くすのきまさしげ》は忠臣**なり**」、「豪傑**たり**哲人**たる**を望まむはもとより不可なし」といった文が、名詞をともなった例、「気候温和**なり**」、「その生活や質朴**なり**倹素**なり**」が、副詞をともなった例だ。

ただし「天原《あまのはら》ふりさけ見れば春日《かすが》**なる**三笠の山に出でし月かも」（阿倍仲麻呂）の「なり」のように、古くは存在を意味する「なり」があった。

また「かかり」（かく＋あり）、「しかり」（しか＋あり）、「さり」（さ＋あり）も、「あり」をうちにふくんだ縮約形である。

口語では、「である」、「だ」、「です」が説明存在詞とされる。「だ」は「である」が縮約されたかたちであり、「楠木正成は忠臣**だ**」というように使われる。関西で使われる「ぢゃ（じゃ）」がその原形と考えられている。「です」は「である」の謙称語。

存在詞も、動詞とおなじく、活用だけでは言い足りない場合に、「複語尾」を分出して、いろいろ複雑な意味の陳述を可能にした。「複語尾」とは、ふつう助動詞と呼ばれているものだが、山田は単独の品詞とは認定せず、用言の活用からさらに分出した特別の語尾とした。ただし「なり」、「たり」など、説明存在詞とされたものはここから除外される。

その複語尾のなかにも、「あり」の複合によって出来あがった「ざり」（ず＋あり）、「べかり」（べく＋あり）、「まじかり」（まじく＋あり）、「けり」（き＋あり）、「めり」（み＋あり、みえ＋あり）があった。

以上ざっと見ただけでも、「あり」という言葉が「存在」という意味的な規定を越えて、日本語の用法に欠くことのできない役割を果してきたことが分かる。

「あり」の語根「ar」

「あり」のほんらいの意味は、どういうものだったのだろうか。

大野晋晩年の仕事である『古典基礎語辞典』（二〇一一年）では、「あり（有り・在り）」の語源はつぎのように解説されている（説明の大筋は、一九七四年の『岩波古語辞典』と変わらない。この大野晋編『古典基礎語辞典』は大野とその門下生たちの執筆だが、すべて大野の厳密なチェックを経たものなので、門下生の執筆した項目も、ここでは大野の説として紹介する)。

「あり」に相当する中国語には「有」と「在」があり、「有」は、もとは「たまたま生じる」という意味であり、「在」は「流れがそこで停滞する」ことを意味した。この「有」と「在」は、ともに日本語では「あり」と訓読された。

英語の「be」の最古形は「bheu」と推定されているが、「成る」とか「生じる」に相当する。「was」は最古形までさかのぼると、「残る」、「住む」という意味になる。

日本語の「あり」の語根は「ar」で、そこに「a・i・u・e」という接辞が付いて一語になった。この語根「ar」を共有する単語には、「ある(生る)」、「あらは(露)」、「あらはる(現る)」があり、いずれも「見えなかった姿がまる見えになる」、つまり「出現する」という意味であった。中国語の「有」、英語の「bheu」と同質の意味である。

中国語の「在」や英語の「was」に当たる日本語はなにかといえば、「をり(wori、居り)」であり、座るという意の「う」と「あり」との結合であった(山田孝雄とは異なる語釈)。「座ってそこにいて動かない」という意味である。

以上が大野による語釈の概略である。英語ではもともと別の語であったものがいまでは原形と過去形に役割分担し、中国語でははじめからふたつの別の語、日本語ももともと別の語がそのまま現在も継承されている。「をり（おる）」の用法はあまり変わらず、「あり（ある）」の用法はかなり多様化した。

ただし漢文を訓読する際には、「在」を「をり」と読まず、「有」とおなじ「あり」と読んだ。現代中国語の初級文法では、「場所＋有＋物・人」、「物・人＋在＋場所」と教える。「我有書（私には本がある、私は本をもっている）」、「書在卓子上（本はテーブルの上にある）」といった具合だ。「有」には所有のニュアンスが感じられる。

「自発・可能・受身・尊敬」の助動詞「る・らる」に潜む「ある」

ふつう自発・可能・受身・尊敬の助動詞といわれる「る・らる」の語源は、「事態が生まれ出る」という意味の「生（あ）る」とされる。活用もともに下二段活用。「生（あ）る」の語根「ar」は、存在を意味する「あり」の語根と同一と推測されている（「る・らる」の説明も『古典基礎語辞典』による）。

「る・らる」は、どのようにして「生（あ）る」から生まれたのか。上代に、四段・ナ変・ラ変の動詞が「生（あ）る」と接続する際、それらの動詞の未然形のア段の音と「生（あ）る」のアの音が重なるため、重なったどちらかのア音が脱落し、「る」のかたちになった。古代日本語は、母音と母音が連続することをきらったからである。

それ以外の活用の動詞の場合には、未然形がイ・エ・オ段の音になるため、母音と母音の連続をきらうというおなじ理由から、あいだに「r」という子音が挟まり、「らる」というかたちが生じたと考えられている。

「る・らる」（現代語では「れる・られる」）の原義は、「動作・作用・状態が自然展開的、無作為的にそうなる」こと、つまり「自発」であり、可能・受身・尊敬はそこから意味的に派生した用法であった。

この「る・らる」は、人為的・作為的にはたらきかける意味の助動詞「す・さす」と対照をなし、「る」と「す」、「らる」と「さす」のあいだに対立関係が形成された。

「おこる（起こる）」と「おこす（興す）」、「おとる（劣る）」と「おとす（落とす）」、「かへる（帰る）」と「かへす（返す）」、「はなる（離る）」と「はなす（放す）」など、自動詞と他動詞とのあいだにもおなじ関係が見られる。ここでの「る」は自動詞化する接辞としてはたらいている。

「遠山にかかる白雲は、散《ちり》にし花のかたみなり。青葉に見ゆる梢《こずえ》には、春の名残ぞおしま**るる**」（平家物語）が「自発」。

「家の作りやうは、夏をむねとすべし。冬はいかなる所にも住ま**る**」（徒然草）が「可能」。

日本では古代から、ものごとが可能になるのは「人為・努力によるとするよりも、自然に成立・出現する」と考えられていたため、「自発」を意味する語がおのずと「可能」を意味するようになった。

「只一騎大勢の中にかけいって、うた**れ**たらんは、なんの詮《せん》かあらんずるぞ」（平家物語）のような「受身」の用法は、「自分自身が積極的に関与していないのに、ある動作・作用が自然の成り行きとして、自分の身の上に成立してしまった場合」を意味した。

「新院ひきつくろひて渡りたまふ。御酒いく返りとなくきこしめさ**る**」（増鏡）のように使われる「尊敬」の意味も、「相手の動作に自分が関与していないとすることで、相手が自分の力の及ばないなれなれしくない間柄であること」を示した。

「おのづから」

「あり」や「る・らる」について考えていると、日本思想史研究で考察されてきた「である」や「なる」、また「おのづから」といったテーマが連想される。

丸山眞男《まさお》は、国語教科書にも掲載された「『である』ことと『する』こと」（一九五九年）という講演録のなかで、能動的にみずからの自由や権利を主張せず、ただ「権利の上にねむる者」（末広厳太郎）は、その自由や権利をも失うことになると警告し、既成の秩序に価値を置く「である」原理に対して、自由や権利を実現するために不断にはたらきかける「する」原理の大切さを説いた。西欧近代に範をとった丸山の面目躍如たる主張である。

「歴史意識の『古層』」（一九七二年）という論文では、日本人の歴史意識の「古層」のなかに、バロック音楽に典型的な「執拗低音」のように底流しつづける、「なる」、「つぎ」、「いきほひ」という「原基的な範疇」を見出した。ひとくくりに言うと、「つぎつぎになりゆくいきほひ」となる。

「なる（成る・生る）」の基本的な意味は、「何もなかったところに、新しい生命体が現れ出る」ことであり、なにかがある意図をもっておこなったのではなく、なにも手を加えていないのに、自然にそうなるということである。他動詞形は「なす（為す）」であり、「る」と「す」という接辞が対照をなしている（『古典基礎語辞典』）。

「なる」の自動詞化接辞「る」が、「る・らる」、「ある」、「あり」とつながる以上の語源的な共通性はないけれども、意味的には両者のあいだに連続したものが見られる。日本語の言語主体のなかに底流する思考様式であろうか。

「おのづから」と「みづから」の対比の問題も、この思考様式に連なるテーマである。「おのづから」は、「おの（己）」に連体の格助詞「つ」、「から（族・柄）」から成り立ち、「みづから」は「み（身）」と「つ」、「から」から形成されているので、言葉の内部構成としては「ar」との関係はない。

しかし、「おのづから」の「自然に」、「自然の成り行きで」などの意味は、「自発」に真っ直ぐにつながっていき、「自分から進んで」を意味する「みづから」と対照をなしていることは明らかである。

2 ❖「がある」ことと「である」こと

「あり」と「なり」

現代語の「がある」と「である」は、古語の「あり」と「なり」にほぼ相当する。古文では、「昔男ありけり」（伊勢物語）、「月の都の人なり」（竹取物語）のように、ふつう助詞は表示されない。

助動詞「なり」は、格助詞「に」に「あり」が付き、縮約されて「なり」となったものだから、「なり」のなかには、格助詞「に」がふくまれている。

「なり」はもともと場所や方角を示す名詞の下に直接付いて、存在することをあらわした。「おまへの池**なる**かめをかに鶴こそむれゐてあそぶめれ」（平家物語）、「春日《かすが》**なる**三笠の山」などの用例があるが、数は少ない。

やがて「なり」は、種類・状態・様子・性質・位置・原因などを指し示すようになった。現代語の「……である」の用法とおなじである。

「なり」が成立した奈良時代より前は、「うまし国**そ**蜻蛉島《あきつしま》大和の国は」（舒明天皇）のように、終助詞「そ」がその役割を果した。しかし「そ」は活用しないので、活用する「なり」が次第に重用されるようになった。

「なり」は「たり」同様、ほんらい体言を受け、名詞文の述語をつくる。この点で、用言の下に付く他の助動詞とは、用法上に大きなちがいが見られる（以上の説明は基本的に『古典基礎語辞典』による）。

「なり」に隠された格助詞「に」は、初めは具体的な場所や方角を指し、やがて抽象化された属性やカテゴリーを指し示すようになった。こうして指定・断定と言われる用法が確立する。だから指定・断定といっても、もとのかたちは存在文であり、格助詞「に」によって抽象的な場所が示されているのである。

存在をあらわす場合でも、方角というのはかなり抽象化された概念だから、すでに指定・断定の用法の先駆けになっていた。「豊浦《とよら》の寺の西**なる**や」（源氏物語）という表現は存在を示し、「物語の出《い》で来始《き》めの親**なる**竹取の翁」（源氏物語）は指定を示すというように、両者を截然と割り切ることは不可能だろう。

「である」と「だ」

現代語の「である」も、「なり」とおなじ構造をもつ。「である」の「で」は、格助詞「に」に接続助詞「て」の付いた「にて」という格助詞から転じたものである。「にてあり」という言葉が以下のような変遷をたどり、「である」となり、また「ぢゃ」や「だ」に変化した。

にてあり→にてある→である→であ
　　ぢゃ（じゃ）→や
　　だ

近世には「ぢゃ」や「だ」がもっぱら使われたが、「である」も漢学者や国学者、また僧侶による講釈や説教のなかでは用いられた。

幕末になると、蘭語や英語のコプラの直訳語として「ある」が登場し、格助詞「で」と組みあわされて「である」になった。ここから新たな「である」が普及し、明治二十年代には演説や言文一致体小説に採用されるようになった（山本正秀『近代文体発生の史的研究』、一九六五年）。

「吾輩は猫である」と言う場合、「吾輩は・猫で・ある」のように文節を区切ることができる。このようにすこし無理して、「……で・ある」に分解すると、「で」の格助詞としての役割がはっきり見てとれるだろう。

「である」とほとんどおなじ意味と用法をもつ「だ」は、「である」が「でぁ」を経て「だ」になり、東国方言として用いられるようになったとされる。

現在では、「である」と「だ」は、語調とリズムを整えるために適宜使いわけることが可能であり、私も本書のなかで無意識のうちにそうしているにちがいない。

このように見てくると、指定文も、文の構造としては存在文の一類型であったことが判明する（この問題は本章の最後にもう一度取りあげる）。このことを確認した上で、存在文それ自体の構造を見ていくとしよう。

存在文の前提条件

「……がある」というかたちで、なんらかの「ある」ものやことが表象されるとき、すでにその「ある」ものやことは、言語主体によって、意識のなかの志向対象として、スポットライトを浴びせられている。

たとえば、「机の上に本がある」と言う場合、紙を綴じあわせたある物体を「本」としてとらえる認識作用が先行していなければならない。

それがまだ本として認識されていなければ、「なにか四角いものがある」とでも言うしかないが、その場合にも「なにか四角いもの」が認識されている。なんとも規定できない場合には、「なにかがある」と言うが、その際にも、なんらかの物体らしきものが認識されている。まったく無規定のものについて、「Xがある」と形式的に言うことは可能だが、これはさまざまな「……がある」から抽象して出来た言い方であり、論理学や数学に特有の形式である。

つまり「机の上に本がある」と言った場合、話し手はみずからの視線がとらえた具体的な本を、「本」という概念として認識し、それを「本」という一般的な言葉によって表現したのである。

この「本」という表現には、積み木でもなければ、コピー用紙でもない、ほかならぬ本であるという限定がなされている。それが具体的にどんな本であるかについては語られていないが、話し手にとっては、とりあえずそれで十分であった。

意識のなかで、ある個体をその他のものから分節・構成したときに、その認識主体にとってその個体は「ある」ものとして認識される。言語主体はその個体をなんらかの概念をもった言葉として表出する。概念とは同種と認定された個体群をグルーピングして出来たものだから、グルーピングの仕方によって、個体はさまざまな概念として把握される。おなじことが「本がある」とも、「国語辞書がある」とも表現されるだろう。これが「……がある」という言葉の使用法にほかならない。

聞き手はまた、「ホン」という音声から「本」という概念を了解し、その概念を手掛かりに机の上にある具体的な本に目を奔らせる。この机や本が対話の現場になく、話題のなかにだけあらわれたものであっても、聞き手は語の概念を手掛かりに、文脈のなかにうまく収まりそうな本のイメージを思い描くのである。

「机の上に本がある」という文は、「机」を題目にしたものでも、「本」を題目にしたものでもなく、「机の上に本がある」というひとまとまりの事態を語ったものである。もし「本」が話し手聞き手双方に共有されたトピックであれば、「本は机の上にある」と発話されただろうし、「机」が共通のトピックであれば、「机の上には本がある」と述べられたことだろう。

聞き手の視界に当然入っているものであっても、「机の上に本がありますね」などと語りかけることがある。本は書棚にもあるし、机の上には花瓶もペン皿もある。話し手はまず話題にする本を確定しなければならなかったのである。この場合すぐに、「あの本はなかなか面白いですよ」といったようなコメントがつづく。

「立山は見えますか」と聞かれ、「遠くに雪をかぶった山並みが見えますね。あれが立山連峰です」と答えた場合、答えの最初の文は眼前の事実に焦点を当てたものだが、あとは三上章のいう「陰題」の文である。すなわち、「立山」が話し手聞き手両者に共有された関心の対象であり、「顕題」に変換すれば、「立山連峰はあの山並みです」になる。

以上見てきたように、「……がある」と言うためには、なんらかの「……である」の認識がなければならなかった。その志向対象のなんであるかが認識されたときに、その志向対象は「ある」ものと認定されたのである。

「ある」の哲学

倫理学者の和辻哲郎《わつじてつろう》は、ドイツ留学中にハイデガーの『存在と時間』に出会い、ハイデガーがドイツ語で考究した「存在」の問題を、日本語の「ある」に即してあらためて問いなおそうと考えた。

帰国後一度は試みたものの中断、その後、倫理学の体系化の一環として、「ある」の問題は提起しなおされる（『人間の学としての倫理学』、一九三四年）。

和辻がまず着目したのは、「ある」という和語に当てられた漢語の「有」が、「がある」を意味すると同時に、「我が有に帰す」という表現に見られるように、もつことを意味したことである。

つまり、いっさいの「がある」ことの根底には「人間が有《も》つこと」があり、「かく物を有つ人間があることは人間が己れ自身を有つことにほかならぬ」というように議論を進めた。

そして、この「人間が己れ自身を有つこと」を言いあらわす言葉こそ「存在」であったことに思い至る。

さらに和辻は「存」と「在」という漢語の意味を古典の用法のなかに探り、「存」の時間的意味と「在」の場所的意味に注目する。そのうえで、「存在」とは「人間の行為的連関」を意味すると結論した。

「ある」を問うていながら、直接「ある」に踏み込まず、「有」や「存」や「在」という漢語の考察に向かったのは、大和言葉の「あり」のなかに考察の手掛かりが見つけられなかったからだろうか。

翌年の論文で和辻はあらためて「がある」と「である」の問題として、「ある」に立ち向かう(「日本語と哲学の問題」、一九三五年)。帰国後中断していた論考を完成させる試みであった。ここでは、「ある」の問題に真正面から挑んだ。

「あるということはどういうことであるか」。これがテーマであり、この日本語の文の構成要素をひとつひとつ検討することが、「ある」という本丸を攻略するために不可欠の戦術であった。

第一に「こと」。「あるというもの」を問わずに「あるということ」を問うたのはなぜか。第二に「いうこと」。なぜ「すること」を問わずに、「いうこと」を問うのか。第三に、この

「いうこと」はだれがいうのか。

日本語の用法をひとつひとつ確かめながら、「ある」に迫っていくその手さばきは、なかなか見事なものだ。そして、いよいよ「ある」である。「ある」ことを問うのに、なぜ「……であるか」と問うのか。問われている「ある」と、問うている「ある」とは、おなじものなのか、ちがうのか。

西洋哲学では、変動する事物の存在を示す「がある」よりも、事物の変わらぬ本質を示す「である」の方が根底的と考えられてきた。

日本語においては、「である」も「がある」もともに限定された「ある」である。しかし「である」と「がある」をくらべてみると、「私はいろいろな用事がある」から、「私は多忙である」のであって、「私は多忙である」がゆえに、「私はいろいろな用事がある」のではない。つまり根底的なのは、「がある」のほうだ。

古語の場合には、もっとはっきりする。「山あり、河あり」のように、「がある」を言いあらわすのに、「ある」を限定する必要はなかった。だが「である」を言いあらわすためには、「に」や「と」という助詞に限定されて、「なり（に＋あり）」や「たり（と＋あり）」にならなければならない。「山あり、高き山なり」のように。

「山がある」、それは高い山でも低い山でもあり得る、しかし「この山は高い山である」と言うと、「である」によって山のあり方が限定される。

では「がある」とはどういうことか。「私は閑《ひま》がある」とは、「私が閑暇を有《も》つ」ことである。「庭には植木がある」とは庭が植木を有つことであるが、厳密に言えば、人間が庭を有ち、その庭が植木を有つのである。「星がある」とは人間が星を有つに至って初めて生じた事態であったように。

つまり「ものがある」とは「人間が有つ」ことである。その「がある」が限定されて「である」になるのは、「人間がその有ち方を限定する」ことにほかならない。

これが日本語の意味と用法に即して、和辻が達成した「ある」についての考察であった。ここでも最終的には、「有」という漢語の考察のなかに、ハイデガーの存在論を読み込むというかたちで論が構成された。

「ある」をめぐる同時代の国語学の探究と切り結んでいれば、議論はもっと深まったのではなかったか、惜しまれる。

3 ❖ 指定文の構造

「……である」の「……で」とはどんな場所か？

「机の上**に**本がある」の「に」も、「その本は哲学書**で**ある」の「で」（もとは「にて」）も、格助詞「に」のほんらいの役割としては場所を指し示していた。しかし前者は存在文と呼ばれ、後者は指定文とか断定文とか呼ばれる。そのちがいはどこから来るのだろうか。

「今日は学食**で**カレーを食べた」とか、「今日ゼミ**で**カントを読んだ」といった場合の「で」は、「学食のメニュー**に**はカレーがない」や「今日のゼミは図書館**に**集合してください」の「に」と大差ない。いずれも広い意味の場所を指し示している。

「私の店は駅前**だ**（**で**ある）。だから客が多い」、「ボクが勉強したのは教室**で**はなく、図書館**で**ある」のような場合、「で」の前にあるのが具体的な場所であっても、指定文になる。存在文と解するには無理がある。

そして「カントの主著は『純粋理性批判』**で**ある」とか、「山鹿素行《やまがそこう》は儒学者**で**あり、兵学者**で**あった」のように、「で」の前に場所といえないものが来ると、完全に指定文になる。

前者は「カントの主著」と『純粋理性批判』がイコールで結ばれる「同定文」であるが、後者は「山鹿素行」と「儒学者」や「兵学者」が個と種の関係にある「包摂文」である。つまり素行が「儒学者」や「兵学者」という集合の一メンバーであることを意味する（同定文も、集合とメンバーが一致した包摂文である。なお構造に着目した場合に包摂文と呼ばれ、意味に着目したときに指定文と呼ばれる）。

「経済学は社会科学である」といえば、種と類の関係を指し示す包摂文である。さらに「社会科学は学問である」といえば、今度は社会科学が種になり、学問が類になる。

この個にとっての種、種にとっての類というものが、「……である」の「で」にとっての場所であった。この場所は現実に存在する場所ではなく、概念としての場所である。

さまざまな個性を捨象して人間という抽象的な種が得られるように、経済学も政治学も社会学もあるなかで、それらの共通性を取りだして社会科学という抽象概念が得られる。

ものやことと場所との関係は、現実的なもの（こと）どうしの関係であるが、種・類の関係は、ツリー状の垂直的で論理的な関係であった。しかし、「で」の語法としては、あくまで場所を指し示しているのであり、個にとっての種も、種にとっての類も、ともにみずからの存在を規定する特殊な場所（上位分類）として、とらえられているのである。

存在文から指定文へ

英語で、The book is on the desk. という場合、「the book」が主語であり、She is a pianist. の場合、「a pianist」は補語である。

和辻哲郎は、日本語では、「がある」と「である」がかたちのうえで区別されると指摘し、「sein」（英語の「be」）は、どちらもおなじかたちで区別がないと言ったけれども（『人間の学としての倫理学』）、主語と補語とでは大ちがいである。

日本語では、「PにOがある」の場合、Oは主格補語であり、「TはCである」の場合、Cは述語を構成する。日本語も西洋語も、ほぼおなじ位置づけであることの方が、むしろ大事なのではないか。

存在文「Pに（で）Oがある」の場合、Pという場所とOという事物は、「ある」に媒介されて、「隣接」の関係にある。

指定文（包摂文）の場合は、「TはCである」が基本型であり、Tという題目が「ある」に媒介されて、Cというカテゴリーに属することを意味する。前述したように、このカテゴリーが抽象的な場所と見なされたのである。

日本語でも西洋語でも、存在を意味した言葉が指定を意味するようになったけれども、言語に普遍的な現象ではない。

中国語の「有」も「在」も、指定文には用いられない。現代中国語の指定文は、「我是中国人」（私は中国人です）のように、「是《シー》」という言葉がさしはさまれるけれども、この「是」に存在の意味はない。

指定文の地盤

言葉はいろいろなことを表現できるが、その組み立て方はきわめて素朴であり、言葉をひとつひとつ前後に連ねていくことにしか方法はない。

言語はこのきわめて限定された組み立て方を駆使して、複雑な思考を可能にする構文を開発したけれども、人間の象徴的な思考方法はもうすこし柔軟かつあいまいである。人間の象徴的思考が言語を発達させ、言語が人間の象徴的思考を飛躍的に発展させたのはいうまでもないことだが、人間の象徴的思考と言語の構文法が重なりあうわけではない。

種・類という分析的で抽象的な関係を表現するのに、日本語では、存在文を応用して指定文をつくりあげた。奈良時代より前は、「うまし国そ蜻蛉島《あきつしま》大和の国は」のように、終助詞「そ」を付けるだけで種類関係が表現されていた。

現在、指定文を発話する際に、いちいち「存在」の観念が呼び起されることはない。ほとんどのひとにとっては、そんなことは考えたこともないだろう。

時枝誠記も、存在をあらわす詞としての「ある」と、陳述のみをあらわす辞としての「ある」を峻別した（『国語学原論』）。

佐久間鼎は、断定をあらわす「だ」、「です」を存在詞に組み入れた山田孝雄に異を唱え、存在と判断を区別する必要を説いた（『現代日本語の表現と語法』）。

これは佐久間の持論であり、晩年の著書でも、「である」を存在論から説くアリストテレス流論理学の弊を戒め、西洋語でも、いわゆる存在動詞は存在の表現を他の動詞に譲って、もっぱら「措定」の任に当っていると述べた。

また日本語では「ある」、「あります」とはまったく別途に、「だ」、「です」が使われていることを指摘して、「である」には観念遊戯が付け込む危険性があると警鐘を鳴らした（『日本的表現の言語科学』、一九六七年）。

たしかにいま、「である」も「だ」も「です」も、ただ属性や種類をあらわしているだけであり、どこにも「存在」の意味などない。共時態としてはそのとおりである。

しかし、「あり」およびそこからさまざまに派生した言葉を使っている私たち日本語話者は、その用法にしたがうというかたちで、無意識のうちに「あり」の意味体系のなかで思考しているのである。

【この章のまとめ】

「ある」という認識が、語りの出発点にある。意識の志向作用がなんらかの志向対象を構成し焦点をさだめたとき、それは「ある」と表現される。その「ある」と認定された志向対象について、判断や感想を抱いたとき、思考が始まる。

実際に「……がある」と発話されない場合にも、「……がある」という認識があらゆる発言に先行するのである（「……がある」という認識の場には、同時に、なに「である」かという判断があった）。

山田孝雄が「ある」に見出した「人間思想の統覚作用」とは、そのような事態を指していたのではなかっただろうか。

さらに「あり」はさまざまな言葉のなかにもぐりこみ、表現を多様化した。

古語の「……なり」は「……に＋あり」という存在文から生まれたものであり、現代語の「……である」もおなじく、「……にて＋ある」という存在文に発していた。

総じて「ある」は、意識の志向対象の認定から事態の認定まで、言語主体による世界の分節と構成を表明する根底的な言葉であった。

語源や構文の起源がかならずしも現時点の本質をあらわすわけではない。現代日本語の話者にとって、「である」には指定の意味しかなく、存在の意味など念頭にない。

しかしこの「である」の古層を発掘することによって、日本語が「隣接」（換喩）の原理を駆使して、存在文から指定文をつくりあげたプロセスが理解できる。

指定文は、存在文のなかの補語によって示される具体的な場所を、概念的な場所に読み換えることで、種にとっての類という場所を獲得したのである。

「うまし国そ」のように、終助詞「そ」を添えるだけで、指定の意味をあらわしていた日本語は、やがて「なり」を経て「である」に至るプロセスのなかで、存在文を変形して指定文をつくる組み立て方を発明した。これがいま私たち日本語話者が思考するための地盤を形成している。

終章　日本語とともに考える

思考の筋道と言葉の組み立て方は一致しない

考えるとは、言葉とともに考えることである。しかし考える筋道と言葉の組み立て方はかならずしもおなじではない。

言葉で道順を教えるとき、出発点から目的地まで、ひとつひとつ目印や曲がり角を順番に指示しなければならない。教える方にも聞く側にとっても、かなり厄介だ。

ところがさっと略図を描いてわたせば、立ちどころに問題は解決する。このとき、地図を描く方は出発点からひとつひとつ順を追って描いてはいかないだろうし、読みとる方も一瞥《いちべつ》してまず全体像を把握し、主要な道や目印をチェックする。

地図に通りや目印の名前が書きこまれているように、言葉によるサポートは不可欠である。もっとさかのぼって考えれば、通りや目印がそれと認識できるのは、そのように地上が言葉によって分節されているからだ。

言葉なしにはなにも考えることができないけれども、だからといって、言葉の組み立て方の順序が、考える順序に一致するわけではない。もし一致していたなら、話したり書いたりすることに、これほどの苦労はいらないだろう。

直観から得られたことを言葉で説明しようとすると、なかなかうまくいかない。直観の内側でなされたはずのネットワークと、言葉による推論手続きとでは、経路がかなり異なるからである。

人間の思考も、概念と概念を連絡させて遂行されるが、概念をただ前後に組みあわせるだけの構文法にくらべると、ずっと自由なネットワーキングをしている。

言葉の場合、前後に接続するか、前の方から呼びかけ、後ろの方が応じる、といったかたちでしか、表現のしようはない。

この呼応の関係には、係構文のほかに、「たとえキミが行かなくても、ボクは行くよ」、「もしキミが行かないなら、ボクも行かないことにする」といったかたちがあるが、こちらも前後からはさみこんでいるので、隣接の一形態と考えられる。また、「たとえキミが行かなくても」と、「ボクは行くよ」というふたつの句と句は隣りあっている。

「たとえあなたが行かなくても、絶対に参加したいワークショップだから、私は行くことにする」のように、挿入句がはさまれても、挿入された句はカッコに入れて考えることができるので、やはり隣接していると見てよい。

人工知能が、その基盤はオンとオフという原理だけで、世界最強の棋士を打ち負かしたように、言語は、この隣接という原理だけで、きわめて複雑な思考をフォローしてきた。どんなメカニズムによって出来あがっているのだろうか。確認しておきたい。

「隣接」の原理

言葉をひとつひとつ前後に連ねていくという作業のなかで、私たちがしているのは、どの言葉を選ぶか、その選ばれた言葉をどう結びつけるかという、ふたつの操作だけである。どんなに複雑な思考も、言葉によるかぎり、この単純な操作を繰り返すことからしか実現されない。

選びだされた言葉と、選ばれなかったけれども選択可能だった言葉群との潜在的な関係を、言語学では「連合」（ソシュール）とか「範列」といった言葉で呼んできた。一方、言葉と言葉を結びつける関係は、「連辞」（ソシュール）、「統辞」などと呼ばれている。

「犬が吠えた」の「犬」のところに、たとえば「狼」、「監督」などという言葉を置き換えることができる。この「狼」、「監督」、「犬」の関係が「連合」であり、「犬が吠えた」の「犬が」と「吠えた」の結合関係、また「犬」と「が」、「吠え」と「た」との結合関係が「連辞」に相当する。

「連合」は顕在化したひとつの言葉と代替可能なすべての潜在的な言葉との関係であり（厳密にいえば、連辞上のおなじ位置に置くことができる、すべての言葉どうしの関係）、「連辞」ははっきりとかたちにあらわれた結合関係である（ここでは語句のレヴェルで説明したけれども、この関係は言語体系における音素や形態素など諸辞項すべてに該当する）。

言語学者のヤーコブソンは、失語症の医学的な症例研究を探索し、失語症には選択機能の異常によるものと、結合機能の異常によるものとのふたつのタイプがあることに着目した（「言語の二つの面と失語症の二つのタイプ」、一九五六年）。

症例にあらわれたこのふたつの対立は、言語に代表される人間の象徴的な記号操作における本質的な対立であるとヤーコブソンは考え、以下のような系列に整理した。

「隠喩—相似性（similarity）—選択（selection）—代置（substitution）」という系列と、「換喩—隣接性（contiguity）—結合（combination）—結構（contexture）」という系列。

「選択」関係における「相似性」とは、「犬」、「狼」、「監督」のように、それぞれちがったものでありながら、ある点においては等価なものであることを意味する。この「相似性」にもとづく喩が「隠喩」である。

一方、「結合」関係における「隣接性」とは、空間的・時間的・因果的、あるいはレヴェル間（たとえば心身関係）などにおけるさまざまなつながりあいを意味した。この「隣接性」

にもとづく喩が「換喩」である。

選択の軸が相似性によるヨコの関係にあるとすれば、結合の軸はタテの関係と言っていいだろう。

「クジラは哺乳類である」という文においては、クジラは哺乳類の下位分類だから、クジラと哺乳類とが上下に結びついた垂直的な関係になる。しかしこのような種類関係にあるのは、包摂文（指定文）にかぎられる。

この種類関係にもとづく喩は「提喩」と呼ばれる。この提喩は、西洋の修辞学ではながく換喩の一種と見なされてきた。ともに部分と全体の隣接関係にある喩と考えられたからである。しかし赤いフランネルのシャツを着た嫌味な教頭が「赤シャツ」と呼ばれたことと、人力車が「車」と呼ばれたこととは、まったく別のことである。

それをともに換喩としたうえで、ふたつを下位分類したのは、「教頭は赤シャツを着ている」という文と、「人力車は車である」という文において、ともに両者が「結合」して「結構」をなしていたからであろう（日本語で示したが、西洋語でもおなじ）。

たしかに両者は、文法上は隣接している。しかし赤シャツは教頭の実際の一部であるが（いつも着用している）、人力車は車の一メンバーである。

どのような意味的結合もすべて、言葉と言葉を前後に隣接させることでしか実現されない。

しかし文法上の「隣接」と意味関係上の「隣接」とは別物なのである。

なにとなにが「隣接」するのか？

文の構成を三次元モデルで考えてみよう。種と類の関係はツリー状をかたちづくり（たとえば柴犬や秋田犬と犬の関係）、そのツリーがまたさらに上位のツリーのメンバーとなる（犬と哺乳類の関係）。このように無数のツリーが階層をなして大きなツリーをつくりあげる。このそれぞれの上下関係の結びつき（「犬は哺乳類である」）が包摂文（種類関係）である。「このタルトはおいしい」のような、属性をあらわす形容詞文も、概念上のつながり方は包摂文と変わらない。「このタルト」が「おいしい」ものの一メンバーであった。

水平軸上にあるものどうしの関係が隠喩文（相似関係）である。「あの社長はタヌキだ」という隠喩文は、ほんらい選択関係にあった「あの社長」と「タヌキ」が、統辞軸上に結びつけられて文を構成したものである。

ではツリーの階層上にもなく、水平軸上にもない、雑多な概念どうしの結びつきはなんだろうか。いろいろなかたちで隣接したものどうしのつながりであり、日本語に即していえば、用言に媒介されて結びつけられた補語と補語との関係、あるいは用言自体と補語との関係である。ウナギ文の場合は、もっと直截に両者が結びつけられる。

「老婦人がいつもカウンターでソーダ水を飲んでいた」といった場合、「nom-」という用言の語幹に「老婦人が」（主格）、「カウンターで」（場所格）、「ソーダ水を」（対格）という補語が結びつき、意味上の「隣接」関係をなしている。

垂直的な関係の包摂文と水平的な関係の隠喩文を除くすべての放射状の結びつきが、この「隣接」関係にもとづく構文となる。この老婦人のことを店の常連が、「カウンターさんはまだだね」とか、「ソーダ水さん、来てないね」と、符丁で呼ぶことがあるかもしれない。換喩である。「カウンター」と呼ぶか、「ソーダ水」と呼ぶかに、老婦人に対する見方があらわれている。

文法上の「隣接」は話し手が文を組み立てた結果にあらわれるものだから、話し手がなにとなにをつなぎあわせたかということが重要である。つまり、現実に隣接しているから話し手が結合するのではなく、話し手がある意図にもとづいて結合したことによって、その隣接性が浮き彫りになるのである。卓抜な結合の仕方は、ひとつの発見である。

日本語においては、この結合の接着剤が「てにをは」であるから、「てにをは」には話し手の思いがこめられている。

ではどのような言葉と言葉が結びつけられ得るのかといえば、話し手と聞き手とのあいだに、「意味」が成立しさえすれば、どんな言葉でも可能である。意味が成立するとは、話し手の言いたいことが、曲がりなりにも、聞き手に了解されたということだ。非文すれすれでもかまわない。逆に文法的にはまったく問題がなくても、話し手と聞き手とのあいだに意味が成立しないことは、めずらしくない。

「隣接」を原理とする換喩のはたらきによって、「目」という基本的な言葉が、「体験」という意味にまで意味を発展させ（「ひどい**目**にあう」）、「見る」という基本的な言葉は、「調べる」という意味にまで、意味を派生させた（「味を**みる**」）。構文においても、さまざまな体言や用言を組みあわせることを繰り返して、豊かな意味の世界を開拓した。

種類関係を表現する包摂文も、存在文のなかの場所を抽象化したすえに生みだされた。隠喩文も、ある事物の関係を、別領域にある事物の関係に見立てることで成立した。

このように言語は、意味的に垂直関係にある包摂文でも、水平関係にある隠喩文でも、隣接の原理を駆使することでしか実現されない。

どの言語もこの「隣接」の原理にしたがって、言葉を線上にひとつひとつ並べていくことにしか、表現の手立てはなかった。ただその並べ方が、あるいは言葉と言葉、句と句のあいだの呼応の仕方が、諸言語ごとにすこしずつ異なっていた。

言葉は一方的な支配を許さない

最後に、日本語をふくめた言語と人間の関係の基本について考えておきたい。川上未映子《みえこ》に『ヘヴン』（二〇〇九年）という小説がある。ある種の恋物語である。しかし世にある類型を見事に裏切った恋物語だ。主人公は中学二年生の「僕」。斜視のため「ロンパリ」と呼ばれ、クラスメイトのいじめの対象になっている。その僕のもとに「わたしたちは仲間です」と書かれた手紙が届く。不潔な身体と薄汚れた身なりが原因で、やはりいじめの標的となっている少女が差出人であった。

ふたりのつきあいが始まった。文通もたまのデイトも、だれにも知られぬよう内密に進められた。だがそこに生まれたのは傷を舐めあう日陰の恋ではなかった。交わす言葉は次第に活力をもち、ふたりのあいだにささやかな希望のようなものが芽生える。

彼女はいじめられることに逆説的な意味を読み込んでいた。「あの子たちは、……本当にね、なにも考えてないのよ。ただ誰かのあとについてなにも考えずにその真似をして、それがいったいどういう意味をもつことなのか、それがいったいなんのためになるのか――、わたしたちはね、そんなこと想像したこともないような人たちのね、はけぐちになってるだけなのよ」、「ねえ、でもね、これにはちゃんとした意味があるのよ。これを耐えたさきにはね、きっといつかこれを耐えなきゃたどりつけなかったような場所やできごとが待ってるのよ」。彼女が僕に見せたいという「ヘヴン」という絵は、その場所を象徴しているのだろうか。

そのあいだにもふたりに加えられるいじめは陰惨をきわめ、僕は「人間サッカー」というゲームのボール役にされ、血塗れになるまで蹴飛ばされる。だがその後、僕は主犯のひとりに詰め寄り、論争を挑むところにまで力を蓄えていたことに気づかされる。

いじめることを趣味の問題に還元して恥じることのない相手側と、ひとの心の痛みから言葉を起こす僕とのあいだのかみあわぬ応酬のなかに、読者は倫理の根源にある困難を読みとることになるだろう。いじめを正当化する論理（欲求の自由とその相対性）と、僕とのあいだに共通する倫理的な基盤は、まったく見つけられないからである。

しかしいじめの主犯人物は、僕とのあいだの言語的な基盤になんの疑いも抱いてはいない。言語というゲームは、人称詞の機能に象徴的にあらわれているように、話し手が自己中心的な世界にとどまることを許さない。対話のなかで「私は」と語りだした話し手は、話し終えたとたんに、「私は」と語りだすもうひとりの話し手の聞き役に転換し、これが順ぐりにつづけられる。この話し手と聞き手による相互性と対等性がなければ、言語コミュニケーションは成立しない。

話し手としての「私」が、聞き手に対して絶対的な立場に立つことは原理的に不可能であり、話し手は聞き手という存在の保証なしには成り立たないばかりか、聞き手である「私」によってつねに脅かされる存在でもある。

言語コミュニケーションの基盤そのものが失われないかぎり、いじめる側はつねに潜在的にいじめられる側から脅かされつづける。そしていつその関係が逆転するかもしれない。「僕」は、彼女のように、いじめられることに特権的な意味を見出すことはなかったが、ただ言語のこの対等性に対する信頼を失うことさえなければ、絶対的に敗北することはない。いじめる側が言葉を放棄せざるを得なくなれば、暴力的な支配は貫徹できても、言語主体としての根源的な敗北となるからだ。

もちろん現実的な問題は現実のなかで解決されなければならない。しかしこの言語という基盤は、人間を人間として存立させる根底的な基盤であるから、現実を解決する最終的な可能性もまた、そこに見出されるのである。

人間の言葉を破壊することはできるのか？

今度は国家レヴェルで考えてみよう。

国民の行動や思想が国家イデオロギーに合致することをもとめられる全体主義国家では、当然、言葉の統制がおこなわれる。「不敬」な言論、「反国家」的な言論、「反革命」的な言論、

「反党」的な言論は、きびしく処罰される。

特定の語彙や語法から反国家的な思想の総体まで、すべて処罰の対象となるのだが、しかし、もしほんとうに国民の心のうちまでを支配しようとすれば、それらの思想を胚胎《はいたい》させる言葉のはたらきそのものにまで、統制の手を下す必要があっただろう。

この歴史上は存在しなかった統制を実行しようとした国家が、ある近未来小説のなかに描きだされた。ジョージ・オーウェルの『一九八四年』（一九四八年執筆、四九年刊行）という作品である。

この国家では、「ビッグ・ブラザー」という指導者率いる党によって国民の生活は監視され、密告が横行している。世の中でなにが起きているのか、あるいは歴史のなかでなにが起きたのか、そのすべてが情報操作されている。

人びとのささやかな体験や記憶も、国家が作成する公式記録によって塗りつぶされつつあった。言語も、党公認の人工公用語「ニュースピーク」に取って代わられようとしている。

主人公は真理省記録局に勤める役人。歴史改竄《かいざん》の仕事に携わるが、国家体制に疑問と不満の気持をひそかに抱き、自宅では監視の目を逃れて日記を付けている。在来の英語（「オールドスピーク」）で私的な文書をつくることは、党にとっては犯罪的な行為であり、主人公にとっては、根源的な抵抗であった。

ニュースピークは、党が編集する辞典に掲載された少数の語彙からなり、その意味は辞書の規定をはみだしてはならず、言葉の変化も明示的なルールにしたがっておこなわれる。ニュースピークが完全制覇したときには、All mans are equal. と言えば、「すべての人間は身長、体重、或いは体力が等しい」ということを意味し、政治的平等といった意味はなくなっているはずであった。それればかりか、そのような意味や概念がかつて存在したことすら忘れ去られ、もはや「政治的に平等な」といった観念を心に抱くことも不可能になっているのであった。

つまり、ニュースピークとは、一義的に規定された記号とその操作規則とからなる記号論理や数学に、言語をかぎりなく近づけようとする試みであった。ただし記号論理や数学は万人が認める（とされる）公理から出発するのに対し、ニュースピークは党が一方的に作成した語彙規定と統語規則にもとづく言語体系である。

言語の提喩的なはたらきは温存されるが（辞書に定義されたかぎりでの種類関係）、新たな発見に導く隠喩的なはたらきは抑圧される。換喩的な操作は構文操作そのものであるから禁ずるわけにいかないが、その操作方法が厳格に制限される。

ほんらい辞書にある意味規定とは、現場でさまざまに使用された意味が、概念化され一般化されたものであったが、ここでは逆に、辞書に規定された意味が先行し、その意味以上に現場で展開することは禁じられた。

しかし人間が関係を生きる存在であり、言語行為の場で意味を生みだしつづける存在であるかぎり、そのような言語統制は不可能である。だからニュースピークは新たな言語ではなく、非言語であった。ビッグ・ブラザーが完全に勝利宣言したあかつきには、その支配対象はもはや言語主体としての人間ではない。

このときビッグ・ブラザーは、人間を根底的に支配することに失敗したのである。

日本語という条件と可能性

日本語もむろん、ビッグ・ブラザーに統制されなければならない自然言語である。つまり豊かな言語だ。私たちはその日本語とともに考える。

日本語とともに考えるかぎり、ともに考える日本語の個性をよく知っておきたい。親友のユニークな個性をよく知り、もっと関係を深めたいと思うのとおなじことだ。

言語の組み立て方は、きわめて素朴なものであった。日本語もその素朴な組み立て方を駆使して、さまざまな語法や構文法を発展させてきた。

本書はその個性の基本にあるもの、とくに文法的な個性の基本について考えた。ともに考える日本語のこの個性をよく知ることによって、日本語で考えることの可能性はさらに開けてくるにちがいない。

参考文献

刊行年は、初出・初版年を記した本文と異同がある。文例に用いたテクストは、文庫や日本文学全集など一般的なものばかりなので、省略した。

- 浅利誠『日本語と日本思想』(藤原書店、二〇〇八年)
- 井崎正敏『〈考える〉とはどういうことか?』(洋泉社、二〇〇八年)
- 石川九楊『二重言語国家・日本』(NHKブックス、一九九九年)
- ジョージ・オーウェル『一九八四年』高橋和久訳(ハヤカワepi文庫、二〇〇九年)
- 大槻文彦『言海』(ちくま学芸文庫、二〇〇四年)
- 大槻文彦『広日本文典』(吉川半七・三木佐助、一八九七年)
- 大槻文彦『広日本文典別記』(吉川半七・三木佐助、一八九七年)
- 大野晋・佐竹昭広・前田金五郎編『岩波古語辞典』(岩波書店、一九七四年初版)
- 大野晋『係り結びの研究』(岩波書店、一九九三年)
- 大野晋『語学と文学の間』(岩波現代文庫、二〇〇六年)
- 大野晋編『古典基礎語辞典』(角川学芸出版、二〇一一年)
- 大野晋『日本語の文法を考える』(岩波新書、一九七八年)
- 小川環樹・西田太一郎『漢文入門』(岩波全書、一九五七年)
- 奥津敬一郎『「ボクハウナギダ」の文法』(くろしお出版、一九八三年)

■尾上圭介「『は』の意味分化の論理」（『言語』一九九五年一一月号、大修館書店）
■尾上圭介『文法と意味』I（くろしお出版、二〇〇一年）
■加地伸行『漢文法基礎』（講談社学術文庫、二〇一〇年）
■金谷武洋『日本語に主語はいらない』（講談社選書メチエ、二〇〇二年）
■柄谷行人「文字論」（『〈戦前〉の思考』、講談社学術文庫、二〇〇一年）
■川上未映子『ヘヴン』（講談社、二〇〇九年）
■北原保雄『日本語の文法（日本語の世界6）』（中央公論社、一九八一年）
■金水敏・木村英樹・田窪行則『指示詞（日本語文法セルフ・マスターシリーズ4）』（くろしお出版、一九八九年）
■金文京『漢文と東アジア』（岩波新書、二〇一〇年）
■小池清治『日本語はどんな言語か』（ちくま新書、一九九四年）
■國分功一郎『中動態の世界』（医学書院、二〇一七年）
■小西友七ほか編『小学館英和中辞典』（小学館、一九八〇年）
■子安宣邦『漢字論』（岩波書店、二〇〇三年）
■斎藤倫明・大木一夫編『山田文法の現代的意義』（ひつじ書房、二〇一〇年）
■阪倉篤義『改稿日本文法の話　第二版』（教育出版、一九八三年）
■佐久間鼎『現代日本語の表現と語法　増補版』（恒星社厚生閣、一九六六年）
■佐久間鼎『現代日本語法の研究　改訂版』（恒星社厚生閣、一九五二年）

■佐久間鼎『日本語の言語理論』（恒星社厚生閣、一九五九年）
■佐久間鼎『日本語の特質　改訂版』（くろしお出版、一九九五年）
■佐久間鼎『日本的表現の言語科学』（恒星社厚生閣、一九六七年）
■佐藤信夫『レトリック感覚』（講談社文庫、一九八六年）
■鈴木朖『言語四種論』（福井久蔵編『国語学大系』第一巻、国書刊行会、一九七五年）
■鈴木一彦『時枝誠記　日本文法・同別記　口語編／文語編』（東宛社、一九八一年）
■鈴木一彦『日本文法本質論』（明治書院、一九七六年）
■瀬戸賢一『レトリックの宇宙』（海鳴社、一九八六年）
■フェルディナン・ド・ソシュール『一般言語学講義』小林英夫訳（岩波書店、一九七二年）
■高島俊男『漢字と日本人』（文春新書、二〇〇一年）
■竹内整一『「おのずから」と「みずから」』（春秋社、二〇〇四年）
■竹内整一『やまと言葉で哲学する』（春秋社、二〇一二年）
■竹岡正夫『かざし抄新注』（風間書房、一九七三年）
■竹田青嗣『言語的思考へ』（径書房、二〇〇一年）
■田中克彦『漢字が日本語をほろぼす』（角川SSC新書、二〇一一年）
■著者不詳『手爾葉大概抄』（福井久蔵編『国語学大系』第七巻、国書刊行会、一九七五年）
■寺村秀夫「現代日本語　文法」（亀井孝ほか編『言語学大辞典』第二巻、三省堂、一九八九年）
■寺村秀夫『日本語のシンタクスと意味』Ⅰ、Ⅱ、Ⅲ

（くろしお出版、一九八二年、一九八四年、一九九一年）
■時枝誠記「言語過程説の基礎にある諸問題」（松村明ほか編『講座日本語の文法別巻　シンポジウム時枝文法』、明治書院、一九六八年）
■時枝誠記『言語生活論』（岩波書店、一九七六年）
■時枝誠記『言語本質論』（岩波書店、一九七三年）
■時枝誠記『国語学原論』（岩波書店、一九四一年）
■時枝誠記『国語学原論　続篇』（岩波書店、一九五五年）
■時枝誠記『国語学史』（岩波書店、一九四〇年）
■時枝誠記「『時枝文法』の成立とその源流」（松村明ほか編『講座日本語の文法1　文法論の展開』、明治書院、一九六八年）
■時枝誠記『日本文法　口語篇』（岩波全書、一九五〇年）
■時枝誠記『日本文法　文語篇』（岩波全書、一九五四年）
■時枝誠記『文章研究序説』（明治書院、一九七七年）
■時枝誠記『文法・文章論』（岩波書店、一九七五年）
■角田太作『世界の言語と日本語　改訂版』（くろしお出版、二〇〇九年）
■外山滋比古『日本語の論理』（中公文庫、一九八七年）
■中田祝夫・竹岡正夫『あゆひ抄新注』（風間書房、一九六〇年）
■野村剛史『話し言葉の日本史』（吉川弘文館、二〇一一年）

■シャルル・バイイ『一般言語学とフランス言語学』小林英夫訳（岩波書店、一九七〇年）
■マルティン・ハイデッガー『存在と時間』細谷貞雄訳、上下巻（ちくま学芸文庫、一九九四年）
■芳賀綏『新訂日本文法教室』（教育出版、一九八二年）
■橋本進吉『国語法研究』（岩波書店、一九四八年）
■長谷川三千子『日本語の哲学へ』（ちくま新書、二〇一〇年）
■エミール・バンヴェニスト『一般言語学の諸問題』岸本通夫監訳（みすず書房、一九八三年）
■藤井貞和『日本文法体系』（ちくま新書、二〇一六年）
■エトムント・フッサール『イデーン』Ⅰ－Ⅰ、Ⅱ、渡辺二郎訳（みすず書房、一九七九年、一九八四年）
■堀川智也『日本語の「主題」』（ひつじ書房、二〇一二年）
■益岡隆志『日本語モダリティ探究』（くろしお出版、二〇〇七年）
■益岡隆志『モダリティの文法』（くろしお出版、一九九一年）
■益岡隆志・田窪行則『基礎日本語文法　改訂版』（くろしお出版、一九九二年）
■松下大三郎『改撰標準日本文法』（勉誠社、一九七八年）
■松下大三郎『増補校訂標準日本口語法』（勉誠社、一九七七年）
■松村明ほか編『講座日本語の文法　別巻（シンポジウム時枝文法）』（明治書院、一九六八年）
■松村明編『大辞林』第三版（三省堂、二〇〇六年）
■丸山眞男「『である』ことと『する』こと」（『丸山眞男集』第八巻、岩波書店、一九九六年）
■丸山眞男「歴史意識の『古層』」（『丸山眞男集』第十巻、岩波書店、一九九六年）

■三上章『現代語法序説』（くろしお出版、一九七二年）
■三上章『現代語法新説』（くろしお出版、一九七二年）
■三上章『構文の研究』（くろしお出版、二〇〇二年）
■三上章『新訂 現代語法序説』（刀江書院、一九五九年）
■三上章『象は鼻が長い』（くろしお出版、一九六〇年）
■三上章『続・現代語法序説』（くろしお出版、一九七二年）
■三上章『日本語の構文』（くろしお出版、一九六三年）
■三上章『日本語の論理』（くろしお出版、一九六三年）
■三上章『文法教育の革新』（くろしお出版、一九六三年）
■三上章『文法小論集』（くろしお出版、一九七〇年）
■三上章『三上章論文集』（くろしお出版、一九七五年）
■南不二男『現代日本語の構造』（大修館書店、一九七四年）
■三尾砂『三尾砂著作集』Ⅰ、Ⅱ（ひつじ書房、二〇〇三年）
■明治書院企画編集部編『日本語学者列伝』（明治書院、一九九七年）
■本居宣長『詞の玉緒』（大野晋編『本居宣長全集』第五巻、筑摩書房、一九七〇年）
■森重敏『日本文法の諸問題』（笠間書院、一九七一年）
■ロマーン・ヤーコブソン「言語の二つの面と失語症の二つのタイプ」
（『一般言語学』川本茂雄ほか訳、みすず書房、一九七三年）

■安田敏朗『日本語学は科学か――佐久間鼎とその時代』（三元社、二〇〇四年）
■柳父章『近代日本語の思想』（法政大学出版局、二〇〇四年）
■柳父章『日本語をどう書くか』（法政大学出版局、二〇〇三年）
■山内得立『現象学叙説』（岩波書店、一九二九年）
■山口明穂『国語の論理』（東京大学出版会、一九八九年）
■山口明穂『日本語の論理』（大修館書店、二〇〇四年）
■山口明穂『日本語を考える』（東京大学出版会、二〇〇〇年）
■山田孝雄『漢文の訓読によりて伝へられたる語法』（宝文館、一九三五年）
■山田孝雄『敬語法の研究』（書肆心水、二〇一〇年）
■山田孝雄『国語学史』（宝文館出版、一九七一年）
■山田孝雄『国語と国民性』（「叢書 日本人論」35 大空社、一九九七年）
■山田孝雄『国語の中に於ける漢語の研究』（宝文館出版、一九四〇年）
■山田孝雄『日本口語法講義』（宝文館出版、一九七〇年）
■山田孝雄『日本文法学概論』（宝文館出版、一九三六年）
■山田孝雄『日本文法学要論』（書肆心水、二〇〇九年）
■山田孝雄『日本文法講義』（宝文館出版、一九七一年）
■山田孝雄『日本文法論』（宝文館、一九〇八年）
■山本正秀『近代文体発生の史的研究』（岩波書店、一九六五年）

- 吉川幸次郎『漢文の話』（筑摩書房、一九六二年）
- 李凌燕『携帯版中国語会話とっさのひとこと辞典』（ＤＨＣ、二〇〇〇年）
- 渡辺実『国語構文論』（塙書房、一九七一年）
- 渡辺実『国語文法論』（笠間書院、一九七四年）
- 渡辺実『日本語史要説』（岩波書店、一九九七年）
- 和辻哲郎「日本語と哲学の問題」（『和辻哲郎全集』第四巻、岩波書店、一九六二年）
- 和辻哲郎『人間の学としての倫理学』（『和辻哲郎全集』第九巻、岩波書店、一九六二年）

あとがき

ずっと書きたいテーマだった。正確にいえば、書くことによって、解き明かしたいテーマであった。

十年前に刊行した『〈考える〉とはどういうことか？』では、思考と言語（とくにレトリック）との関係について考えた。書評は何本も出なかったけれども、多くの大学や高校の入試に出題され、高校国語教科書にも採用されたので、気分よく、本書に取りかかれるはずだった。

しかし政治的な課題のように切迫したテーマではなかったためか、なかなか着手せずにいた。そのうちに、言語と思考の一般論から、すんなり連続して論じられるほど、甘いテーマではないことにも気がついた。

「あはれ」など、日本語に特徴的な言葉と日本の文化・思想との関連については、これまでかなり深く論じられてきた。しかし私の知るかぎり、日本語の構文を思考との関係から論じた試みはほとんどなかった。

そのため、先学の主要な文法書を繙《ひもと》くことから作業をはじめる必要があった。重い腰を上げて取りかかったのが二〇一五年の夏頃、それまで山田孝雄や時枝誠記や三上章など、何冊かを読んだ程度にすぎなかったので、このとき初めて本格的に、日本文法学の門を叩いたのである。

これがなかなかたいへんな作業だった。大型辞書ほどのヴォリュームがある山田孝雄の主著など、読むだけでも根気のいる仕事だった。戦後の三上章にしても、けっして読みやすくはない。

入門と題した書物は、ふつうその道の大家が初学者に向けて、分かりやすく手ほどきしたものである。ところが本書は、私自身が入門し、探求した足跡を記したものだ。つまり、すこしだけ早くその道に踏み入った者が、僭越にも読者の方々を道案内しようという試みである。

もちろん本書の主眼は、日本語文法の解説ではなく、日本語とともに考えることの基本の意味を探究したことである。その点に関しては、日本語文法に通暁《つうぎょう》した方々にも読んでいただければと願っている。

本書は、日本語で思考するかぎり、したがわざるを得ない日本語の構文法と、思考との基礎的な関係について追究した。日本語で考えるとき、日本語の構文法はどのような条件となり、またどのような可能性を拓いてくれるのか。

まず日本語における聞き手の位置を確認するために、「こそあど」の用法を探った。すると、現場指示の「それ」と文脈指示の「それ」とのあいだに深いつながりがあることに気がついた（日本語教科書では別箇にあつかわれているけれども）。

その探究の先に、おのずと題述文（係構文）の「は」の問題が見えてきた。つぎに係構文と対比して、格構文の成り立ちを確認した。こうして一章から三章までの執筆は、先学の成果に支えられて、すんなりと進んだ。

しかし四章は書きあぐねた。急ぐ必要もないので、しばしば休憩を入れ、その休憩が半年におよんだこともあった。

時枝誠記の詞・辞論をどうポジティヴに批判し、その批判をどのように自説として展開できるのか。また日本語学の「コト」と「ムード」という主客二元論をどのように解体し、語られる内容と語り方との関係を、どうやって再構築できるのか。

これらの問題に思いあぐねたのである。今回は結局、直観レヴェルでしかない持説を対置しただけに終わった。いっぺんに答えられるほど、やわな課題ではなかったのである。

五章も持論であるが、批判の格好の的にもなるだろう。議論を楽しみにしたい。

かなりの中断があったために、ようやくの脱稿を見たのは、今年五月の連休中のことである。書きはじめてから、一年半が経っていた。

勝手気ままに書いてきた原稿であるが、愛用する『大辞林』の版元から出版していただくことになった。

本づくりに際しては、編集担当の樋口真理さんの丹念な仕事ぶりにたいへんお世話になった。副題を考えてくれたのも、これから索引を作成してくれるのも、樋口さんである。またお名前を存じあげないけれども、校正担当の方には、校正のレヴェルを越えた校閲のレヴェルで、不備な原稿を点検していただいた。出版局長の瀧本多加志さんとOBの松本裕喜さんからも、いろいろご配慮いただいた。岡孝治さんによる装丁の仕上がりも楽しみである。みなさまのご支援に感謝申しあげたい。

二〇一八年秋分の日に

井崎正敏

索引

【あ行】

【か行】

【さ行】

【た行】

【な行】

【は行】

【わ行】

井崎正敏（いざき・まさとし）

1947年、東京生まれ。東京大学文学部倫理学科卒業後、筑摩書房に入社。「ちくま学芸文庫」編集長、「ちくま新書」編集長、専務取締役編集部長などを経て、2001年に退社、評論活動に入る。この間に、武蔵大学客員教授、東京大学・明星大学非常勤講師なども務めた。著書に『天皇と日本人の課題』、『ナショナリズムの練習問題』（ともに、洋泉社・新書y）、『倫理としてのメディア』（NTT出版）、『〈考える〉とはどういうことか?』（洋泉社）、『〈戦争〉と〈国家〉の語りかた』、『吉田松陰』（ともに、言視舎）がある。

p.61 森繁久彌「知床旅情」
日本音楽著作権協会（出）許諾第180928020-01号

考えるための日本語入門
文法と思考の海へ
第1刷発行　2018年11月30日

著　者　井崎正敏
発行者　株式会社三省堂
　代表者　北口克彦
印刷者　三省堂印刷株式会社
発行所　株式会社三省堂
〒101-8371
東京都千代田区神田三崎町二丁目22番14号
電話　編集（03）3230-9411
　　　営業（03）3230-9412
http://www.sanseido.co.jp/
DTP　株式会社エディット

落丁本・乱丁本はお取り替えいたします。

ISBN 978-4-385-36097-3
〈考えるための日本語入門・232pp.〉